Anwärmspiele

Band 19 der Reihe:
LEBENDIGES LERNEN UND LEHREN

Klaus W. Vopel

ANWÄRMSPIELE

Experimente für
Lern- und Arbeitsgruppen

iskopress

Die Deutsche Bibliothek – CIP-Einheitsaufnahme

Vopel, Klaus W.:
Anwärmspiele : Experimente für Lern und Arbeitsgruppen /
Klaus W. Vopel. – 4. Aufl. – Salzhausen : iskopress, 1992
  (Lebendiges Lernen & Lehren ; Bd. 19)
  ISBN 3-89403-124-7
NE: Lebendiges Lernen & Lehren

4. Auflage 1992
Copyright bei *iskopress*

Umschlag: Mathias Hütter, Schwäbisch Gmünd
Druck: Runge Cloppenburg

Inhalt

	Seite
EINFÜHRUNG	7

KONZENTRATIVE EXPERIMENTE

Den Körper entspannen 13
1 Anspannung erkennen 13
2 Schütteln 15
3 Wolke der Entspannung 16
4 Trockenschwimmen 18
5 Mit der Nase schreiben 20
6 Den Augen Ruhe gönnen. 22
7 Progressive Entspannung 24
8 Entspannt atmen 26
9 Die Flasche füllen. 28
10 Heilender Atem 29

Den Geist entspannen. 30
11 Wellen 30
12 Korken auf dem Ozean 32
13 Rosenknospe 34
14 Tempel des Schweigens 36
15 Konfusion wegblasen 38
16 Ärger loswerden 39
17 Entgiftung 40

Energie sammeln. 42
18 Kraft schöpfen 42
19 Energiepumpe 44
20 Weißes Licht 46
21 Energie in den Körper atmen 48
22 Auftanken 50
23 Sich erfrischen 52

Das Zentrum finden 53
24 Elfenbeinkugel 53
25 Schnelle Beruhigung 55
26 Wurzeln 56
27 Konzentrative Bewegung 58
28 Zentriert stehen 60
29 Körper und Geist zentrieren 62
30 Hier und Jetzt 64
31 Liebevolle Konzentration 66

Seite

AKTIVIERENDE EXPERIMENTE

Paare 71
32 Aura 71
33 Puppe und Zinnsoldat...73
34 Rückwärts schieben..75
35 Standhalten...76
36 Zeitlupe 78
37 Wem gehört der Ball? 80

Kleingruppen..82
38 Gemeinsam aufstehen 82
39 Knoten..84
40 Bande bilden...86
41 Schatzgräber 87

Plenum...89
42 Prui 89
43 Vampire 91
44 Schlangengrube 93
45 Tabu 95
46 Raupe 96
47 Stimulation 97
48 Ovation...99

MASSAGE-EXPERIMENTE

49 Schulterkette...103
50 Rückenmassage..105
51 Schlagen der Beine 107
52 Klopfen des Kopfes 109
53 Stirn und Schläfen glätten...111
54 Trommeln..113
55 Vorbereitung auf den Tag..114
56 Handmassage 115

DIAGNOSTISCHE EXPERIMENTE

57 Gegensätze 119
58 Standortbestimmung 121
59 Fragen, Fragen 123
60 Neugierpotential..125
61 So oder so 126
62 Zufriedenheit...127
63 Wohlbefinden 128

Einleitung

Die hier zusammengestellte Sammlung ganz verschiedenartiger Anwärmspiele soll Leitern von Lern-, Arbeits- und Therapiegruppen helfen, einen für alle Beteiligten lebensfreundlichen Start zu finden.

Damit meine ich den Beginn einer Sitzung, nicht jedoch die Anfangsphase, in der sich eine neue Gruppe kennenlernt. Auch eine Gruppe, die langfristig zusammenarbeitet, geht mit jeder weiteren Arbeitssitzung durch eine neue Startphase, in der es darauf ankommt, daß der einzelne Teilnehmer seine Energie mobilisieren und für seine Ziele einsetzen kann. Andererseits muß eine Koordinierung der individuellen Energiepotentiale stattfinden, damit die Teilnehmer auch gemeinsam auf das Gruppenziel hinarbeiten können.

Diese Bereitstellung geistig-seelischer und natürlich auch körperlicher Energie kann durch verschiedene Umstände erschwert werden:

O Nicht ausgedrückte Gefühle und mangelnde Bewegung können chronische und akute körperliche Spannungen bei den Teilnehmern hervorgerufen haben.

O Die Teilnehmer sind noch immer mit alten Ereignissen beschäftigt und können sich daher schlecht auf den Neubeginn der Aktivität konzentrieren.

O Die Teilnehmer fühlen sich müde und kraftlos, oder sie sind unsicher und fühlen sich inkompetent, so daß ihnen die notwendige Energie für die neue Arbeitseinheit fehlt.

O Die Teilnehmer kommen nach oberflächlichen sozialen Kontakten mit einem oft unbewußten Hunger nach Akzeptierung, Freundlichkeit und körperlicher Zuwendung, so daß sie sich entweder zurückziehen oder sich durch Ersatzgefühle – zum Beispiel Unzufriedenheit und Ärger – Entschädigung verschaffen.

O Die Teilnehmer kommen mit einem überstrapazierten Erwachsenen-Ich und einem unbefriedigten Kind-Ich, weil sie die spielerische Seite ihrer Persönlichkeit zu wenig ausdrücken konnten, so daß sie phantasielos und konkurrenzorientiert reagieren.

O Die Teilnehmer haben versäumt, ihre Reaktionen auf Arbeitsstil und Arbeitsklima in der Gruppe genügend mitzuteilen, so daß die Feinfühligeren sich von der Arbeit zurückziehen.

Es ist daher günstig, wenn ich mich als Gruppenleiter bereits am Ende der letzten und spätestens zu Beginn jeder neuen Sitzung frage, ob die Gruppe unmittelbar mit einem „Trockensprung ins Wasser" beginnen und gleich an ihrer Aufgabe arbeiten kann oder ob einer bzw. mehrere der oben genannten Störfaktoren vorliegen, so daß eine Anwärmaktivität angezeigt ist.

Dabei helfen mir Fragen wie:

○ Woher kommen die Teilnehmer?

○ Was haben sie erlebt?

○ Was bringen sie mit?

○ Was sagt mir die Körpersprache der Teilnehmer?

○ Wieviel Energie hält jeder bereit?

○ Wie gut ist die seelische Verbindung unter den Teilnehmern?

○ Haben sich die Teilnehmer in der Pause vor dieser Sitzung so weit regeneriert, daß ich ihnen zumuten kann, sofort mit der Arbeit zu beginnen?

Wenn ich der Meinung bin, daß einzelne Teilnehmer oder gar alle noch zu sehr Symptome von Straße, Müdigkeit oder Zerstreutheit zeigen, dann ist es realistisch, der Arbeit ein Anwärmexperiment, d.h. eine planmäßige Erholungsphase, vorzuschalten.

Insofern lassen sich alle hier gesammelten Anwärmspiele im Sinne der Transaktionsanalyse als Aktivitäten des fürsorglichen Eltern-Ich verstehen. Der Gruppenleiter sorgt väterlich bzw. mütterlich für die Teilnehmer, und das einzelne Gruppenmitglied tut seinem Organismus etwas Gutes. Leiter und Teilnehmer lassen sich also nicht nur von ihrem Erwachsenen-Ich leiten, das sich auf die Gruppenarbeit konzentriert, sondern sie hören auch auf die Bedürfnisse des Kind-Ich, das Erholung wünscht, Gefühle berücksichtigen und spielen will.

Ich möchte jetzt kurz erklären, welche Gedanken mich zu der gewählten Einteilung in vier Kapitel bewogen haben.

Im ersten Kapitel (Konzentrative Experimente) geht es um die klassische Position der Besinnung auf das eigene Selbst. Das übergreifende Ziel ist, das eigene Bewußtsein zu vertiefen, den Energiefluß zwischen Körper, Seele und Geist anzuregen und sich selbst entspannt, ruhig, stark und konzentriert zu erleben.

Die ausgewählten Experimente helfen den Teilnehmern nicht nur, sich in der gerade anstehenden Situation zu erholen, sondern sie lehren konzentrative Techniken und innere Einstellungen, auf die die Teilnehmer auch später allein mit großem Gewinn zurückgreifen können.

Das zweite Kapitel (Aktivierende Experimente) knüpft unmittelbar an die Spielfreude, an das Bewegungs- und Kontaktbedürfnis der Gruppenmitglieder an. Die verschiedenen Spiele fordern die Teilnehmer heraus, aktiv zu werden, latente Aggressionen auf spielerische und harmlose Weise auszudrücken und sich gleichzeitig auf andere Menschen einzustellen.

Während die konzentrativen Experimente in erster Linie den Kontakt des Teilnehmers zu sich selbst fördern, wird hier der zwischenmenschliche Kontakt betont, der eine wichtige Voraussetzung ist für das Gelingen jeder Kooperation.

Der soziale Rahmen für die hier zusammengestellten Experimente ist die Paarsituation, die Kleingruppen- und die Plenumsituation, während im ersten Kapitel durchgängig Experimente für den einzelnen Teilnehmer vorgestellt wurden.

Die Massage-Experimente im dritten Kapitel greifen direkt unser Berührungsbedürfnis auf und unseren Wunsch, beachtet und freundlich umsorgt zu werden.

Die Teilnehmer können sich selbst oder einem anderen fürsorglich begegnen und auf diese Weise ein wohltuendes Gruppenklima schaffen.

Im vierten Kapitel (Diagnostische Experimente) wird vor allem das Bedürfnis der Gruppenmitglieder nach Orientierung und Sicherheit ernstgenommen. Sie können einander mitteilen, was jeden beschäftigt, wie er sich fühlt, was er hofft und befürchtet.

Während die Experimente aus den Kapiteln 1 bis 3 fast ausschließlich nonverbal ausgelegt sind, handelt es sich hier um überwiegend verbale Spiele. Die dabei ausgetauschten Informationen verdeutlichen den Standort des einzelnen Teilnehmers, so daß sich jeder – Leiter und Gruppenmitglied – ein besseres Bild davon machen kann, in welcher Verfassung die Gruppe als Ganzes zur Zeit ist.

Wenn Sie sich entschlossen haben, eine Sitzung mit einem Anwärmexperiment einzuleiten, dann stehen Sie vor der Frage, für welchen Typ von Anwärmexperiment Sie sich entscheiden (Konzentration, Aktivierung, Massage oder Diagnose).

Ein wichtiger Grundsatz sollte dabei sein, daß Sie das fördern, was im Gruppenprozeß am stärksten im Hintergrund steht. Oder anders ausgedrückt: Greifen Sie die Bedürfnisse auf, die die Teilnehmer selbst ignorieren. Wenn zum Beispiel in Ihrer Gruppe ein hoher Konkurrenzdruck herrscht, dann kann die bei den Massage-Experimenten angesprochene innere Haltung des Gebens ein wichtiges Korrektiv sein.

Oder wenn die Teilnehmer Ihrer Gruppe arbeitssüchtig oder hektisch sind, dann erweisen Sie ihnen mit einem konzentrativen Experiment einen guten Dienst.

Ein anderer wichtiger Grundsatz ist, daß Sie möglichst solche Experimente vorschlagen, die Ihnen selbst liegen, d.h. deren Theorie für Sie persönlich plausibel ist und deren Struktur Ihnen gefällt.

Für die praktische Arbeit mit den Anwärmspielen noch ein letzter Hinweis:

Üblicherweise sollten die Teilnehmer im Anschluß an ein Experiment kurz Gelegenheit haben, sich zu ihren Erfahrungen zu äußern. Die Erfahrungen der Teilnehmer werden dabei keineswegs erschöpfend ausgedrückt. Wenn Sie genügend Zeit haben und das Thema der Gruppe dies zuläßt, können Sie bei vielen Anwärmspielen die Fäden weiter ausspinnen und die angerührten Erfahrungen, Einsichten und Gefühle gründlicher bearbeiten.

Ich wünsche Ihnen, daß Sie sich mit diesen Anwärmspielen die Arbeit leichter und Ihren Gruppenmitgliedern mehr Freude machen werden.

Klaus W. Vopel

Konzentrative
Experimente

1

Anspannung
erkennen

(nach Sobel)

Ziele

Die Teilnehmer werden sensibilisiert für den Unterschied zwischen Anspannung und Entspannung. In einem leichten Experiment können sie einüben, „loszulassen" und sich zu entspannen.
Speziell für Neulinge ist dies ein wichtiges Basisexperiment. Es eignet sich vor allem für den Beginn einer Arbeitseinheit.

Teilnehmer: ab 12 Jahren.

Zeit und Raum: ca. 5 Minuten. Der Raum sollte Teppichboden haben.

Anleitung

Ich möchte euch ein kleines Entspannungsexperiment vorschlagen. Ab und zu sind wir alle verspannt, und oft merken wir das nicht einmal. Die Ursache dafür ist häufig, daß wir sozusagen stets „auf dem Sprung" sind, verschiedene Aktionen auszuführen: uns zu verteidigen, andere anzugreifen, die Bremse unseres Autos zu treten, aufzustehen und wegzulaufen usw. Dieses „Immer-auf-dem-Sprung-Sein" erzeugt in unserem Körper eine andauernde Anspannung und verbraucht Energie.

Wenn wir einen Muskel anspannen, dann verengen wir die Blutgefäße, so daß die Blutzirkulation geringer wird. Gleichzeitig erzeugen wir in der betreffenden Muskulatur Energie und im Zusammenhang damit giftige Rückstände aus dieser chemischen Energieerzeugung. Normal wäre der vollständige Zyklus von Anspannung für eine bevorstehende Aktion, Durchführung der Aktion und damit Energieverbrauch und dann Entspannung. Wenn die Energie nicht verbraucht wird, was bei der chronischen Anspannung der Fall ist, dann findet auch keine Entspannung statt, und die Muskulatur wird weder von den schädlichen Stoffwechsel-Rückständen befreit noch in optimaler Weise mit frischen Nährstoffen versorgt. Die betreffenden Körperteile sind dann bedeutend anfälliger für Krankheiten, und wir verlieren einen Teil unserer Beweglichkeit und Vitalität. Denn verspannte Körperzonen blockieren oft den freien Fluß der Energie. Zum Glück können wir mit etwas Geschick und Aufmerksamkeit Spannungen in unserem Körper bemerken und mit einiger Übung auch auflösen. Das könnt ihr in diesem Experiment probieren.

Verteilt euch im Raum und legt euch so auf den Boden, daß ihr genügend Platz um euch herum habt... Legt euch auf den Rücken, die Arme locker an den Seiten, die Handflächen auf dem Boden... Schließt nun die Augen... (15 Sek.) Jetzt konzentriert euch auf eure linke Hand und richtet die Hand senkrecht auf, während der Arm bis zum Handgelenk auf dem Boden liegenbleibt... Laßt die Hand eine Weile in dieser Position... Was bemerkt ihr in der Muskulatur des Unterarmes?... Ich meine dabei nicht die starke und deshalb so auffällige Empfindung im Handgelenk und auf dem Handrücken, sondern das viel undeutlichere Gefühl in der oberen Muskulatur des Unterarmes. Was ihr dort empfinden könnt, ist das klassische Gefühl dauerhaft angespannter Muskulatur. Vergleicht diese Empfindung bitte mit dem Gefühl in eurem entspannten rechten Unterarm... Sensibilisiert euch für die Anzeichen von Muskelspannung, damit ihr sie später leichter erkennen könnt... (30 Sek.) Um den linken Unterarm nun zu entspannen, laßt einfach locker und gestattet der Hand, mit dem eigenen Gewicht auf den Boden zu fallen... Achtet darauf, wie das Gefühl der Anspannung im Unterarm nachläßt, wenn ihr lockerlaßt... Ich bin locker, wenn ich mich nicht mehr anstrenge und anspanne. Denn wenn ich mich anstrenge, um mich zu entspannen, dann verursache ich nur neue Spannung. Entspannen heißt locker lassen...

Jetzt wiederholt ein paar Mal die Anspannung des linken Unterarmes durch Aufrichten der Hand, haltet die Anspannung ein paar Sekunden lang aufrecht und laßt dann wieder locker. Konzentriert euch auf den Unterschied zwischen Aktivität und Passivität, zwischen Anspannen und Lockerlassen... (ca. 30 Sek.) Jetzt könnt ihr ein paar Minuten lang andere Körperzonen bewußt anspannen und wieder lockerlassen, zum Beispiel die Schultern, die Stirn, den Mund und Kiefer, den Bauch usw. Ihr habt dafür 3 Minuten Zeit... (3 Min.) Jetzt zähle ich von 10 rückwärts bis 1, und wenn ich bei 1 angekommen bin, steht erfrischt und entspannt wieder auf. 10...9...1.

2

Schütteln

(nach Hornbacher)

Ziele

Dieses sehr einfache Experiment bietet den Teilnehmern eine schnelle Möglichkeit, akute Muskelspannung im Oberkörper abzubauen und sich zu Beginn einer Sitzung auf diese Weise fit zu machen.

Teilnehmer: ab 10 Jahren.

Zeit: ca. 2 Minuten.

Anleitung

Ich möchte euch helfen, euch zu Beginn unserer Sitzung so weit zu entspannen, daß ihr euch anschließend leichter auf unsere gemeinsame Arbeit konzentrieren könnt.

Verteilt euch im Raum und stellt euch mit leicht gespreizten Beinen hin ... Laßt die Arme locker herabhängen und beginnt, die Hände zu schütteln, so daß die Handinnenflächen dabei zum Körper zeigen. Fangt langsam an zu schütteln...
(10 Sek.)
Jetzt schüttelt die Hände schneller und laßt dabei Arme und Schultern kräftig und schnell vibrieren... (30 Sek.)
Jetzt laßt die Bewegungen von Händen und Armen wieder langsamer werden...
(5 Sek.)
Und stoppt! – Fühlt, wie euer ganzer Körper prickelt...
Nun schüttelt das eine Bein locker...
Und nun das andere Bein...

Kehrt nun auf euren Platz im Kreis zurück...

☆☆☆

3

Wolke der Entspannung

(nach Hendricks)

Ziele

Dieses hübsche Entspannungsexperiment bezieht die Phantasie der Teilnehmer mit ein und hilft ihnen, sich zu Beginn der Gruppenarbeit geistig und körperlich zu lockern. Während wir häufig die Phantasie einsetzen, um Katastrophenerwartungen zu entwickeln, die unseren Körper anspannen, wird hier die Phantasie als Heilmittel benutzt, das durch ein friedliches Naturbild unseren Körper und unseren Geist lockert.

Teilnehmer: ab 12 Jahren.

Zeit und Raum: ca. 4 Minuten. Der Raum sollte Teppichboden haben.

Anleitung

Ich möchte euch ein kurzes Experiment anbieten, bei dem ihr eine Technik lernen könnt, wie ihr in kurzer Zeit geistig und körperlich locker werdet.

Oft verspannen wir uns, weil wir wichtige Impulse in uns nicht ausdrücken. Manchmal sind wir vielleicht ängstlich vor einer Aufgabe und möchten am liebsten weglaufen. Statt jedoch mit geeigneten Personen über unsere Angst zu sprechen, um uns gefühlsmäßig zu entlasten und praktische Schritte zu planen, unterdrücken wir die Angst in unserem Bewußtsein und produzieren statt dessen ein körperliches Symptom, indem wir zum Beispiel unseren Bauch anspannen. Das wiederum kostet Energie, die uns dann fehlt, um die uns schwierig erscheinende Aufgabe zügig und sinnvoll zu lösen. Das kann unsere Angst weiter verstärken usw. usw.

Ich denke, ihr versteht, wovon ich spreche.

Sucht euch einen Platz im Raum, wo ihr für euch sein könnt, und legt euch dort rücklings auf den Boden...
Macht es euch nun bequem... Lockert unter Umständen euren Gürtel, wenn er euch drückt, legt eure Brillen zur Seite...

Jetzt seht an die Decke und wählt euch irgendeinen Punkt, den ihr anschaut... Konzentriert euch auf diese Stelle und laßt euren Blick dabei so locker wie möglich. Vermeidet es, angestrengt diesen Punkt anzustarren... Allmählich wird alles übrige im Raum aus eurem Gesichtsfeld verschwinden... (15 Sek.)
Laßt eure Augen weicher und weicher an die Decke blicken und laßt sie sich dann ganz, ganz langsam schließen, so daß sie sich warm und entspannt anfühlen... (15 Sek.)
Stellt euch nun vor, daß ihr im Sommer auf einer grünen Wiese liegt und daß ihr den Wolken zuschaut, die über den Himmel ziehen. Beobachtet die unterschiedlich großen Wolken und Wölkchen, die leicht und anmutig über den weiten Himmel segeln... (15 Sek.)
Nun konzentriert euch auf euren Körper und findet eine Stelle, die sich ganz entspannt anfühlt... (10 Sek.)
Jetzt stellt euch vor, daß dieser Teil des Körpers von einer solchen weißen, flockigen und energiereichen Wolke umgeben ist... Die Wolke umhüllt den Körperteil, wärmt ihn angenehm und läßt ihn locker und immer lockerer werden... (10 Sek.)
Nun stellt euch vor, daß sich die Wolke weiter ausdehnt, auch über andere Teile eures Körpers, so daß immer mehr Körperteile von der magischen Wolke erwärmt und entspannt werden, bis schließlich euer ganzer Körper in dieser wunderbar warmen und weichen Wolke schwebt... (2 Min.)
Ich möchte, daß ihr jetzt der Wolke Adieu sagt und mit eurem Bewußtsein ganz langsam wieder zur Gruppe zurückkommt...

Ich werde langsam von 10 rückwärts bis 1 zählen, und wenn ich bei 1 angelangt bin, möchte ich, daß ihr die Augen öffnet, euch aufrecht hinsetzt und euch in der Gruppe umschaut. Ihr werdet euch erfrischt und heiter fühlen. 10... 9... 8... 1.

4

Trockenschwimmen

(nach Luce)

Ziele

Diese aus dem Tai Chi entwickelte Übung unterstützt die Teilnehmer dabei, wenn sie sich vor einer Arbeitseinheit entspannen und konzentrieren wollen.

Teilnehmer: ab 12 Jahren.

Zeit: ca. 6 Minuten.

Anleitung

Ich möchte euch eine reizvolle asiatische Entspannungstechnik zeigen, die euch helfen kann, eine gute Balance zwischen Körper und Geist herzustellen und dabei Ruhe und Sammlung zu finden. Ihr werdet euch anschließend stabiler und weniger leicht verletzlich fühlen, weil ihr besseren Kontakt zu eurem Zentrum gefunden habt.

Verteilt euch im Raum und stellt euch mit gespreizten Beinen so hin, daß eure Füße parallel schulterbreit voneinander entfernt stehen... Laßt die Arme locker herabhängen und schließt eure Augen...

Bitte sprecht nicht während des ganzen Experiments.
Holt tief Luft durch die Nase und atmet gründlich durch den Mund wieder aus...
Fühlt den Schwerpunkt eures Körpers, etwa handbreit unter eurem Bauchnabel... (15 Sek.)
Stellt euch nun vor, daß ihr in einem Zaubersirup steht, der wie flüssiger Bernstein ist. Ihr könnt leicht Luft holen, obgleich die Flüssigkeit den ganzen Raum einnimmt, so daß ihr euch bewegt, als wenn ihr unter Wasser seid... (15 Sek.)
Geht ein wenig in die Knie, beginnt dann langsam, ganz langsam zu gehen...
Öffnet die Augen, um euch zu orientieren... Bleibt im Kontakt mit dem Schwerpunkt eures Körpers...
Bewegt sachte eure Hände und laßt sie in diesem flüssigen Bernstein schwe-

ben, der euren ganzen Körper unterstützt und trägt. Ihr fühlt euch dabei entspannt, konzentriert und beweglich...
Schwebt in der zähen, durchsichtigen Flüssigkeit umher und erprobt langsam verschiedene Bewegungsformen... Wiederholt jede Bewegung, bis ihr sie locker ausführen und genießen könnt...
Vielleicht staunt ihr über das Gefühl der Stille. Es kann auch sein, daß ihr den Eindruck habt, daß die Zeit langsamer geht oder sogar stehenbleibt...
Wenn ihr einatmet, stellt euch vor, daß ihr die Luft bis in euren Schwerpunkt holt...
Macht immer einen Moment Pause, ehe ihr eine neue Bewegung erprobt... (2 Min.)
Jetzt beugt die Knie noch weiter. Übertreibt dabei und stellt euch vor, daß ihr auf der Bernsteinflüssigkeit sitzt... Bleibt weiter im Kontakt mit eurem Schwerpunkt und mit eurem Atem... Atmet weiter in euren Schwerpunkt hinein...
Laßt eure Arme jetzt vor euch im Zeitlupentempo emporschweben. Laßt dabei die Hände locker hängen. Stellt euch vor, daß unsichtbare Bänder die Arme an den Handgelenken langsam hochziehen, bis sie in Schulterhöhe sind...
Nun laßt auch die noch hängenden Hände sich ganz, ganz langsam aufrichten, bis die Handflächen waagerecht sind...
Jetzt beugt die Ellenbogen und bringt eure Hände langsam an die Schultern heran. Laßt die Arme dabei dicht am Körper bleiben... Jetzt richtet eure Hände langsam auf, so daß die Handflächen nach vorn zeigen... (10 Sek.)
Jetzt laßt Arme und Hände so langsam wie möglich an der Seite herabsinken, als ob sie sich in einer ganz dicken Flüssigkeit bewegen...
Sobald die Hände unten angekommen sind, laßt sie ein wenig vom Körper abrücken, als ob die Flüssigkeit sie etwas wegdrückt...

Achtet auf euren Atem und fühlt euren Schwerpunkt... (10 Sek.)
Kommt nun zum Kreis zurück...

5

Mit der Nase schreiben

(nach Bates)

Ziele

Dies ist ein einfaches Experiment, das die Nackenmuskulatur entspannt und den Teilnehmern dadurch hilft, anstrengungsloser zu sehen und einen klareren Kopf zu bekommen. Es eignet sich als Lockerungstechnik sowohl zu Beginn als auch am Ende einer Arbeitsperiode.

Teilnehmer: ab 10 Jahren.

Zeit: ca. 5 Minuten.

Anleitung

Ich möchte euch Gelegenheit geben, eure Nackenmuskulatur etwas zu entspannen.

Verteilt euch im Raum und stellt euch bequem hin. Laßt die Arme locker herabhängen...

Stellt euch vor, daß eure Nase ein Bleistift ist... Dreht den Kopf nach links und fangt an, euren Vor- und Nachnamen mit großen Buchstaben in die Luft zu schreiben. Laßt eure Augen dabei offen oder geschlossen der weichen Linienführung eurer Bleistift-Nase folgen... (ca. 30 Sek.)

Jetzt beginnt wieder links und zeichnet im Uhrzeigersinn große Kreise, die einander überlagern... (10 Sek.)

Dreht den Kopf nach rechts und malt noch einmal einander überlagernde Kreise, diesmal gegen den Uhrzeigersinn... (10 Sek.)

Beginnt wieder links und schreibt lauter große Achten... (15 Sek.) Wiederholt das, indem ihr rechts beginnt... (15 Sek.)

Nun malt vor euch einen Elefanten mit erhobenem Rüssel... (20 Sek.) Malt jetzt vor euch eine Blume... (20 Sek.)

Was möchtet ihr sonst noch schreiben oder malen?... Tut das jetzt.
Denkt daran, daß ihr den Nacken locker haltet und langsam und gleichmäßig eure Linien führt und euch auf die schreibende Nase konzentriert... (1 Min.)

6

Den Augen
Ruhe gönnen

(nach Bates)

Ziele

Dies ist ein klassisches Experiment, das den Augen Entspannung ermöglicht und dadurch den Gruppenmitgliedern hilft, wieder leicht und besser zu sehen, Spannungen im Kopfbereich abzubauen und sich insgesamt ruhiger und entspannter zu fühlen.

Das Experiment eignet sich sowohl zu Beginn als auch am Ende einer Arbeitseinheit. Die Teilnehmer können die Prozedur später bis auf 10 Minuten ausdehnen, wenn sie das Experiment genügend häufig für sich allein wiederholen.

Teilnehmer: ab 12 Jahren.

Zeit: ca. 5 Minuten.

Anleitung

Ich möchte euch ein wichtiges Experiment vorschlagen, das ihr später auch für euch allein anwenden könnt.

Setzt euch auf einen Stuhl oder stellt euch hin, ganz wie ihr wollt...

Ich möchte einige theoretische Bemerkungen vorausschicken:
Wir alle neigen mehr oder weniger dazu, unsere Augen zu überanstrengen. Und wie auch sonst oft, bemerken wir das meistens nicht rechtzeitig. Die Gründe dafür sind vielen Menschen nicht klar. Einmal benutzen wir die Augen häufig im Nahbereich (unter 6 m) und müssen dann die Augenmuskulatur anspannen, um scharf sehen zu können. Andererseits schauen wir zu wenig in die Ferne.

Auch „grabschen" wir zu oft mit den Augen, das heißt, wir starren die Dinge in unserer Umwelt an, anstatt unseren Augen die notwendige leichte Bewegung zu gönnen, die für eine ungehinderte und klare Wahrnehmung notwendig ist.

22

Schließlich erzeugen wir oft dadurch Konflikte, daß wir unser inneres geistiges Auge nicht immer dort haben, wo unsere Körperaugen sind. Wir lesen zum Beispiel einen langweiligen Bericht und denken an unsere letzte Ferienreise. Die Diskrepanz zwischen dem Bild aus der Umwelt und dem Phantasiebild erzeugt Spannung. Es kommt hinzu, daß Anspannung in den Augen oft ansteckend wirkt und weitere Verspannungen in anderen Körperteilen auslöst.

Ich möchte euch jetzt dazu einladen, euren Augen eine erfrischende Ruhepause zu schenken. Atmet tief ein und aus und entspannt euren Körper... (30 Sek.) Konzentriert euch jetzt auf eure Augen und versucht sie zu empfinden... Kneift die Augen fest zusammen, haltet sie so ein paar Sekunden lang und laßt dann locker. Macht das dreimal... (15 Sek.)

Jetzt reibt die Handinnenflächen kräftig aneinander, bis sie ganz warm sind... Legt die gewölbten Handinnenflächen über die geschlossenen Augen, so daß der Handballen auf euren Backenknochen liegt, ohne daß die Handkante gegen die Nase preßt. Das Zentrum der gewölbten Handfläche soll direkt über dem Auge liegen, ohne das Auge jedoch zu berühren. Haltet Kopf und Hals gerade empor...

Jetzt holt tief Luft und stellt euch vor, daß ihr bei jedem Einatmen zusätzliche Energie aus der Umgebung auffangt, in der die Augen dann baden können. Atmet so, als ob ihr durch die Hände atmet. Laßt alle Gedanken fallen und wartet ab, was ihr mit euren geschlossenen Augen seht... Genießt die Wärme und die Dunkelheit, bemerkt die Entspannung eurer Augen und genießt das. Bemerkt und genießt die Entspannung eures ganzen Körpers... (2–3 Min.)
Nehmt jetzt langsam die Hände von den Augen, öffnet sie und schaut euch um... Was bemerkt ihr?...

7

Progressive Entspannung

(nach Hamlin)

Ziele

Dieses Experiment gibt den Teilnehmern Gelegenheit, Spannung bewußt abzubauen. Sie sollten das Experiment Nr. 1 (Anspannung erkennen) bereits erprobt haben. Dieses Experiment eignet sich ebenso für den Anfang wie für das Ende einer Arbeitseinheit.

Das Prinzip der Übertreibung hilft den Gruppenmitgliedern zu bemerken, wie sie sich anspannen und wie sie lockerlassen können.

Teilnehmer: ab 14 Jahren.

Zeit: ca. 5 Minuten.

Anleitung

Ich möchte euch eine wirksame Technik zeigen, wie ihr besonders verspannte Teile eures Körpers lockern könnt. Das möchte ich – weil es einfacher geht – zunächst an Armen und Beinen demonstrieren.

Legt euch auf den Boden oder bleibt auf eurem Stuhl sitzen, ganz wie ihr mögt...
Jetzt spannt das rechte Bein an... Macht das ganz langsam und erhöht die Spannung in kleinen Intervallen... Laßt euch 30 Sekunden Zeit, um den Höhepunkt von Spannung und Versteifung zu erreichen... (30 Sek.)
Nun laßt die Spannung langsam aus dem rechten Bein hinausfließen, so wie Sand durch eine Sanduhr fließt, ganz langsam... Laßt weiter etwas Spannung herausfließen... (15 Sek.)
Laßt noch mehr Spannung herausfließen, bis ihr glaubt, daß alle Spannung fort ist... (10 Sek.)
Führt das fort, und laßt jetzt noch mehr Spannung heraus... (10 Sek.)

(An dieser Stelle können die Gruppenmitglieder möglicherweise auf die geistige

Haltung der Entspannung aufmerksam werden, nämlich sich nicht anzustrengen, sondern einfach lockerzulassen.)

Nun konzentriert euch auf das linke Bein...

Wiederholen Sie die Instruktionen und fahren Sie genauso fort für den rechten und linken Arm.

Konzentriert euch nun auf euren Atem und versucht festzustellen, ob es noch einen Körperteil gibt, der sich verspannt anfühlt. Wenn das der Fall ist, dann wendet die eben geübte progressive Entspannung nun selbständig dort an...

Wenn ihr euch dann ganz locker fühlt, ruht euch noch ein wenig aus... (3 Min.)

8

Entspannt atmen

(nach Roberts)

Ziele

Das Experiment soll den Teilnehmern helfen, bewußter zu atmen und sich auf diese Weise leicht zu entspannen. Es ist speziell für Neulinge ein wichtiges Basisexperiment.

Teilnehmer: ab 14 Jahren.

Zeit und Raum: ca. 5 Minuten. Es sollte Teppichboden vorhanden sein.

Anleitung

Ich möchte euch ein Experiment vorschlagen, bei dem ihr lernen könnt, bewußter zu atmen.

Wir achten in der Regel zu wenig auf die Art und Weise, wie wir atmen. Auch atmen wir meistens zu flach, so daß wir uns nur ungenügend mit Sauerstoff versorgen. Der etwas zweifelhafte Vorteil einer flachen Atmung ist, daß wir unsere Gefühle viel schwächer oder gar nicht spüren. Der Nachteil liegt natürlich auf der Hand: Wir können uns dann nicht an unseren wichtigen Bedürfnissen orientieren, sondern folgen dem Programm unseres Kopfes bzw. den Wünschen und Erwartungen anderer.

Wenn wir anfangen, bewußt und damit auch tief zu atmen, gewinnen wir etwas Freiheit und Lebendigkeit zurück.

Verteilt euch im Raum und legt euch auf den Rücken... Versucht, es euch so bequem wie möglich zu machen, lockert die Gürtel, zieht die Schuhe aus und legt Brillen usw. zur Seite...
Schließt nun eure Augen und spürt, wie sie sich im Dunkeln langsam entspannen...
Nun laßt alle Anspannung aus den einzelnen Körperzonen. Laßt Kopf und Nacken sich entspannen... Laßt eure Brust sich entspannen... Laßt den Bauch

sich entspannen... Laßt das Gesäß sich entspannen... Und laßt auch eure Beine sich entspannen... (30 Sek.)
Nun legt zart eure rechte Hand auf euren Bauch... Bemerkt, wie euer Bauch sich hebt und senkt, wenn ihr die Luft in den Körper ein- und wieder ausatmet... (15 Sek.)
Nun legt die linke Hand auf eure Brust und bemerkt, wie sich eure Brust hebt und senkt beim Ein- und Ausatmen... (15 Sek.)
Achtet auf beide Hände und bemerkt, welche Hand sich jeweils zuerst bewegt und welche sich stärker bewegt... Hört auch eurem Atem zu, wenn die Luft in euren Körper hineinströmt und ihn dann wieder verläßt... (15 Sek.)
Nun atmet durch die Nase ein und durch den Mund aus. Macht beim Ausatmen ein kleines Geräusch, das nur ihr selbst hören könnt... Macht es so zart wie ein sanfter Sommerwind. Atmet durch die Nase ein und durch den Mund wieder aus... (20 Sek.)
Und jetzt macht nach jedem Ausatmen eine kurze Pause, bis die Luft von allein wieder durch die Nase in euren Körper strömt... Haltet den Atem nicht gewaltsam an, macht lediglich eine anstrengungslose kleine Pause, bis ihr ganz spontan wieder einatmet... Versucht es für eine Weile... (1 Min.)
Während ihr den Atem anhaltet, konzentriert euch auf euren Körper und hört, was im Innern geschieht... (30 Sek.)
Und nun atmet wieder ganz normal und genießt das Gefühl, entspannt und lebendig zu sein...
Wenn ich rückwärts zählend bei 1 angekommen bin, setzt euch bitte auf und seid erfrischt und entspannt. 10... 9... 8... 1.

9

Die Flasche füllen

(nach Samuels)

Ziele

Dieses einfache Experiment erfrischt die Teilnehmer und hilft ihnen, sich vor der Arbeit zu sammeln.

Teilnehmer: ab 12 Jahren.

Zeit: ca. 3 Minuten.

Anleitung

Ich möchte euch Gelegenheit geben, neue Kraft zu schöpfen und in einem ausgeglichenen Rhythmus ein- und auszuatmen. Ihr könnt dieses Experiment später auch selbst beliebig oft wiederholen. Je häufiger ihr es praktiziert, desto bessere Dienste wird es euch leisten.

Immer wenn wir ausatmen, senden wir schädliche Stoffe aus dem Körper, und wenn wir einatmen, bringen wir Energie aus der Umgebung in unseren Körper.

Setzt euch bequem hin, schließt die Augen und stellt euch vor, daß euer Becken der Bauch einer großen Flasche ist und euer Mund die Öffnung oben am Flaschenhals...
Nun atmet langsam ein... Stellt euch dabei vor, daß ihr die Flasche von ihrem Boden aus bis oben anfüllt. Wenn ihr die Flasche bis zum Hals gefüllt habt, macht eine kleine Pause, so daß ihr empfinden könnt, daß die Flasche voll ist...
Dann atmet langsam aus und stellt euch vor, daß sich die Flasche leert...
Beginnt dann wieder einzuatmen, und macht das Ganze für eine Weile. Ihr werdet einen klaren Kopf bekommen und ein prickelndes Gefühl im ganzen Körper, wenn ihr das lange genug macht. Ihr habt genügend Zeit... (3 Min.)

Stoppt jetzt, öffnet eure Augen und kehrt zum Kreis zurück...

☆☆☆

10

Heilender Atem

(nach Bennett)

Ziele

In diesem Experiment können die Teilnehmer lernen, tiefes Atmen und ihre Phantasie einzusetzen, um leichte und häufig vorkommende Verspannungen aufzulösen. Das Experiment eignet sich für den Anfang wie für den Schluß einer Arbeitsperiode. Vgl. hierzu auch Experiment 21 „Energie in den Körper atmen".

Teilnehmer: ab 14 Jahren.

Zeit: ca. 3 Minuten.

Anleitung

Ich möchte euch eine Atemtechnik zeigen, die ihr überall und jederzeit auch allein anwenden könnt. Sie ist besonders nützlich, um Anspannung und Schmerzen im Bereich von Schultern, Nacken, Rücken und Bauch aufzulösen.

Bei einigen von euch wird sie sogleich erfolgreich sein, andere brauchen vielleicht eine etwas längere Einübung, um auf diese Weise dem Körper eine Wohltat zu gewähren, ohne dazu Schmerztabletten oder Tranquilizer zu benutzen.

Schließt nun die Augen und atmet tief vom Bauch her... Atmet durch die Nase ein und durch den Mund wieder aus... (15 Sek.)
Jetzt konzentriert euch auf euren Körper und findet einen Teil heraus, der sich müde anfühlt oder schmerzt... (10 Sek.)

Stellt euch jetzt vor, daß ihr beim Ausatmen die Luft in diesen Körperteil blast, so daß sich die Blutgefäße erweitern und das Blut besser zirkuliert und so daß der betreffende Körperteil sich angenehm warm anfühlt... (1 Min.)

Stoppt jetzt, öffnet langsam eure Augen und kommt dann zum Kreis zurück...

☆☆☆

DEN GEIST ENTSPANNEN

11

Wellen

(nach Wills)

Ziele

Diese einfache Phantasie schenkt den Teilnehmern das Gefühl innerer Ruhe und Konzentration.

Besonders vor anstrengenden und aufregenden Aktivitäten bietet es eine ausgezeichnete solide Ausgangsbasis.

Teilnehmer: ab 12 Jahren.

Zeit: ca. 5 Minuten.

Anleitung

Ich möchte euch behilflich sein, euch zu Beginn der kommenden Arbeitssitzung zu sammeln und zu erfrischen.

Setzt euch entweder hin oder legt euch auf den Boden...
Richtet es in jedem Fall so ein, daß euer Rückgrat eine gerade Linie bilden kann...
Schließt die Augen und konzentriert euch auf euren Atem... Laßt den Atem zuerst euren Bauch anfüllen und dann eure Brust, so daß die beiden Lungenflügel angefüllt werden, die rechts und links unter den Schlüsselbeinen beginnen...
Atmet genauso leicht aus, wie ihr einatmet, und macht beim Ausatmen ein ganz kleines Geräusch, das nur ihr selbst hören könnt...
Achtet darauf, daß ihr möglichst viel verbrauchte Luft ausatmet...
Wenn ihr einatmet, laßt die frische Luft kommen, ohne daß ihr euch dabei anstrengt... (1 Min.)

Bemerkt, welche Teile eures Körpers euer Gewicht tragen und welche Stellen der Umgebung euch auf diese Weise Unterstützung geben...
Laßt euch von der Umgebung noch etwas mehr tragen... Stellt euch vor, daß sich der Untergrund emporreckt, um euch zu halten...
Lockert alle Muskeln, die ihr benutzt habt, um euch selbst zu halten und zu stützen... (30 Sek.)

Jetzt möchte ich euch zu einem kleinen Phantasieexperiment einladen. Ihr werdet eine kurze Reise durch euren Körper machen.

Fordert eure Fußzehen auf, sich zu lockern... (10 Sek.)

(Geben Sie für die folgenden kleinen Aufgaben immer ungefähr 10 Sekunden Zeit.)

Sagt euren Händen, daß sie sich entspannen sollen...
Fordert eure Beine auf, sich zu lockern...
Fordert eure Arme auf, sich zu entspannen...
Sagt eurem Magen, daß er sich lockern soll...
Fordert eure Schultern auf, sich zu entspannen...
Sagt dasselbe eurer Brust...
Sagt nun eurem Nacken, daß er sich entspannt...
Nun fordert euer Gesicht auf, sich zu entspannen...
Sagt nun auch eurem Geist, daß er sich lockert...

Während ihr meiner Stimme zuhört, laßt euch tiefer und tiefer in das Gefühl der Entspannung sinken, so daß ihr euch geborgen, beruhigt und ausgeglichen fühlt...
Und während ihr ruhig und immer ruhiger werdet, stellt euch vor, daß unten im Zentrum eures Körpers, kurz unter eurem Bauchnabel, ein ruhiger, stiller See liegt, ein klarer See, angefüllt mit frischem, ruhigen Wasser... (15 Sek.)

Und jetzt, wo ihr euch still und ruhig fühlt wie der See, laßt einen kleinen Kieselstein mitten in den See fallen und fühlt, wie die kleinen Wellen in Kreisen sanft und langsam nach außen laufen... (30 Sek.)
Ihr könnt zu dem Gefühl der Stille in euch jederzeit zurückkehren, wann immer Ihr euch ruhig und gesammelt fühlen wollt. Behaltet daher den kleinen See in euch im Gedächtnis und sagt ihm jetzt Adieu...

Kommt mit eurer Aufmerksamkeit zur Gruppe zurück...

12

Korken auf dem Ozean

(nach Rainwater)

Ziele

Besonders dann, wenn sich die Teilnehmer erschöpft, erschrocken oder unsicher fühlen und das Bedürfnis haben, die Dinge wieder in die Hand zu kriegen, eignet sich diese kleine Phantasie.

Teilnehmer: ab 14 Jahren.

Zeit: ca. 3 Minuten.

Anleitung

Ich möchte euch zu einer Phantasiereise einladen, die euch erfrischen und die Zuversicht geben wird: Auch wenn die Wellen des Lebens manchmal über uns zusammenschlagen, so tauchen wir immer wieder auf, wenn wir unsere natürlichen Möglichkeiten nutzen.

Setzt euch entweder hin oder legt euch auf den Boden...
Richtet es in jedem Fall so ein, daß euer Rückgrat eine gerade Linie bilden kann...
Schließt die Augen und konzentriert euch auf euren Atem... Laßt den Atem zuerst euren Bauch anfüllen und dann eure Brust, so daß die beiden Lungenflügel angefüllt werden, die direkt unter den Schlüsselbeinen beginnen...
Atmet genauso leicht aus, wie ihr einatmet, und macht beim Ausatmen ein ganz kleines Geräusch, das nur ihr selbst hören könnt...
Achtet darauf, daß ihr möglichst viel verbrauchte Luft ausatmet...
Wenn ihr einatmet, laßt die frische Luft kommen, ohne daß ihr euch dabei anstrengt... (1 Min.)
Bemerkt, welche Teile eures Körpers euer Gewicht tragen und welche Stellen der Umgebung euch auf diese Weise Unterstützung geben...
Laßt euch von der Umgebung noch etwas mehr tragen... Stellt euch vor, daß sich der Untergrund emporstreckt, um euch zu halten...

Lockert alle Muskeln, die ihr benutzt habt, um euch selbst zu halten und zu stützen... (30 Sek.)

Stellt euch nun vor, ihr seid ein kleiner Korken, der mitten auf dem großen Ozean schwimmt... Ihr verfolgt keine bestimmte Richtung, ihr habt kein Ziel, keinen Kompaß, kein Steuer und keine Ruder. Ihr treibt dorthin, wohin Wind und Wellen euch treiben...

Vielleicht kommt eine große Welle und taucht euch ein paar Augenblicke lang unter, aber gleich taucht ihr wieder auf und schwimmt an der Oberfläche...

Erlebt, wie ihr auf den Wellen des Ozeans dahintreibt, untergeht und wieder auftaucht... Erfahrt, wie euch die Wellen stoßen... Spürt die Wärme der Sonne... und spürt das Trommeln des Regens... Genießt, wie ihr von dem Wasser geschaukelt und getragen werdet, und findet selbst heraus, was ein kleiner Korken sonst noch mitten auf dem Ozean erleben kann... (2 Min.)

Werdet jetzt wieder ihr selbst, sagt dem Korken Adieu und kehrt mit eurer Aufmerksamkeit zur Gruppe zurück...

Ich werde von 10 rückwärts zählen, und wenn ich bei 1 angekommen bin, öffnet die Augen und kehrt erfrischt zum Kreis zurück.

10... 9... 8... 1.

13

Rosenknospe

(nach Wills)

Ziele

Wenn die Gruppenmitglieder sich kompetent, verantwortlich und wohl fühlen wollen, dann unterstützt diese kleine Meditation sie dabei.

Es ist ein sehr schönes Experiment zu Beginn eines gemeinsamen Arbeitstages, das den Teilnehmern hilft, die Schönheit und selbstverständliche Sicherheit der Natur tief in sich selbst zu empfinden.

Teilnehmer: ab 14 Jahren.

Zeit und Raum: ca. 5 Minuten. Der Raum sollte Teppichboden haben.

Anleitung

Zu Beginn unserer Sitzung möchte ich euch zu einer kurzen Meditation einladen.

Setzt oder legt euch bequem hin...
Schließt die Augen und konzentriert euch auf euren Körper... Wendet eure Aufmerksamkeit nach innen und findet heraus, was in eurem Körper geschieht... (30 Sek.)
Ist eure Lage ganz bequem?... Versucht, eine noch bequemere Lage einzunehmen...
Fühlt ihr euch entspannt?... Wenn irgendein Teil eures Körpers doch noch verspannt ist, dann versucht loszulassen... Wenn euch das nicht gelingt, spannt ihn ganz bewußt kräftig an – und dann laßt los...
Wiederholt das einige Male... (30 Sek.)
Nun achtet auf euren Atem... Wie atmet ihr?... Empfindet, wie die Luft durch die Nase oder den Mund einströmt... Fühlt, wie sie durch den Hals in die Brust und in den Bauch flutet...
Stellt euch nun vor, daß der Atem kommt und geht, wie die sanften Wellen am Ufer des Meeres, und daß mit jedem Atemzug etwas von der Spannung aus

dem Körper geht... Bemerkt, wie ihr euch mehr und mehr entspannt... (30 Sek.)

Stellt euch nun in eurem Innern eine Rosenknospe vor... Seht den Zweig mit den grünen, taubenetzten Blättern...

Seht die Sonnenstrahlen, die die Rosenknospe erwärmen, so daß sich nun die Blüte langsam, ganz langsam zu öffnen beginnt... Die Blütenblätter entfalten sich, trennen sich voneinander...

Allmählich erfüllt euch der Duft der erblühten Rose...

Die Schönheit der Rose beglückt euch so sehr, daß ihr euch nun auch die anderen Teile des Rosenbusches vorstellen wollt... Äste und Zweige empfindet ihr mit euren Armen, und mit euren Beinen empfindet ihr die Wurzeln des Rosenbusches, die aus eurem Zentrum kommen und euch fest mit dem Boden verbinden... (15 Sek.)

Immer wenn ihr euch wirklich wohl fühlen möchtet, könnt ihr euch mit der Rosenknospe und dem dazugehörenden Busch identifizieren und empfinden, wie sich die Blüte öffnet. Ihr könnt empfinden, wie sich eure Wurzeln mit dem Boden verbinden, so daß ihr euch fest und vollständig fühlen könnt...

Ich möchte, daß ihr gleich mit eurer Aufmerksamkeit hierher zur Gruppe zurückkehrt... Öffnet die Augen schaut euch um und fühlt euch erfrischt, entspannt und munter...

14

Tempel des Schweigens

(nach Rainwater)

Ziele

Innere Ruhe, Stärkung und Konzentration können die Teilnehmer durch diese Tempelphantasie erlangen. Das Experiment eignet sich vorzüglich als Neubeginn nach einer aufregenden Gruppenphase oder als Grundlage für die Beschäftigung mit anstrengenden und erregenden Themen.

Teilnehmer: ab 14 Jahren.

Zeit: ca. 5 Minuten. Der Raum sollte Teppichboden haben.

Anleitung

Ich möchte euch behilflich sein, konzentriert und im Kontakt mit euch selbst die nächsten gemeinsamen Schritte machen zu können. Dazu lade ich euch zu einer kleinen Phantasie ein.

Setzt euch bequem in euren Stuhl oder legt euch auf den Boden, ganz wie ihr wollt...
Richtet es in jedem Fall so ein, daß euer Rückgrat eine gerade Linie bilden kann...
Schließt die Augen und konzentriert euch auf euren Atem... Laßt den Atem zuerst euren Bauch anfüllen und dann eure Brust, so daß die beiden Lungenflügel ganz angefüllt werden, die rechts und links gleich unter den Schlüsselbeinen beginnen...
Atmet genauso leicht aus, wie ihr einatmet, und macht beim Ausatmen ein ganz kleines Geräusch, das nur ihr selbst hören könnt ￼
Achtet darauf, daß ihr möglichst viel verbrauchte Luft ausatmet...
Wenn ihr einatmet, laßt die frische Luft kommen, ohne daß ihr euch dabei anstrengt... (1 Min.)
Bemerkt, welche Teile eures Körpers euer Gewicht tragen und welche Stellen der Umgebung euch auf diese Weise Unterstützung geben...

Laßt euch von der Umgebung noch etwas mehr tragen... Stellt euch vor, daß sich der Untergrund emporstreckt, um euch zu halten...
Lockert alle Muskeln, die ihr benutzt habt, um euch selbst zu halten und zu stützen... (30 Sek.)
Stellt euch nun vor, daß ihr in einem fremden und exotischen Land seid...
Ihr geht durch eine belebte und laute Stadt... Fühlt das Pflaster des Gehwegs unter euren Füßen... Bemerkt auch die anderen Fußgänger, die an euch vorübergehen...
Seht euch ihre Gesichter an, ihre Kleidung und ihre Bewegungen... Bemerkt, daß einige von ihnen angespannt und eilig erscheinen, während andere locker, glücklich und ruhig wirken...
Beachtet auch den Verkehr auf den Straßen, die Geschwindigkeit der Fahrzeuge und ihre Geräusche...
Wie fühlt ihr euch in dieser geschäftigen und belebten Straße dieses fremden und exotischen Landes?... (30 Sek.)
An der nächsten Ecke biegt ihr ab und folgt einer kleinen, sehr viel weniger hektischen Seitenstraße...
An ihrem Ende bemerkt ihr ein großes Gebäude, das in dieser Umgebung ganz fremd wirkt...
Über dem Portal lest ihr die Inschrift „Tempel des Schweigens". Ihr wißt, daß dies jener Platz ist, an dem keine Geräusche zu hören sind und wo noch nie gesprochen wurde...
Ihr steigt die Stufen zu dem Portal hinauf und öffnet langsam die große und schwere holzgeschnitzte Tür...
Ihr tretet ein und seid augenblicklich umgeben von einem tiefen, beruhigenden Schweigen... Laßt diese absolute Stille euch ganz erfassen und euch Ruhe und Frieden geben... (1 Min.)
Ich möchte, daß ihr euch jetzt von dem Tempel des Schweigens wieder verabschiedet... Öffnet die Tür und tretet wieder hinaus in die belebte Stadt... Wie fühlt ihr euch jetzt?...
Merkt euch die kleine Seitenstraße gut, so daß ihr zu dem Tempel des Schweigens zurückkehren könnt, wann immer ihr danach verlangt.

Ich werde jetzt von 10 rückwärts zählen, und wenn ich bei 1 angelangt bin, möchte ich, daß ihr die Augen öffnet und euch umschaut. Ihr werdet euch erfrischt und munter fühlen. 10... 9... 8... 1.

15

Konfusion wegblasen

(nach Huxley)

Ziele

Dieses kurze Experiment hilft den Teilnehmern, sich bewußt von Unsicherheit und Konfusion zu befreien.

Die geistige Unklarheit und gefühlsmäßige Apathie werden durch bewußt eingesetzte Muskelaktivität in eine konstruktive Energie und eine hoffnungsvollere Haltung umgewandelt.

Teilnehmer: ab 14 Jahren.

Zeit: ca. 3 Minuten.

Anleitung

Immer wieder ergeben sich in unserer Gruppe Situationen, wo der eine mehr, der andere weniger verwirrt ist und keine innere Klarheit über seine nächsten Schritte hat.

Ich möchte die Sitzung mit einer kleinen Aktivität einleiten, die euch helfen kann, etwas von eurer Konfusion, inneren Unsicherheit, Selbstzweifeln und Zweifeln an der Gruppe abzulegen.

Verteilt euch im Raum und stellt euch breitbeinig hin...
Ballt eure Hände zu Fäusten und konzentriert alle Energie in eure Lippen...
Preßt die Lippen gegen eure Zähne und öffnet den Mund einen kleinen Spalt breit, so daß ihr mit großer Intensität einen scharfen Luftstrahl ausstoßen könnt, vergleichbar dem gebündelten Licht eines Laserstrahls. Euer konzentrierter Atem ist außerordentlich mächtig und kann eure Unsicherheit aus euch hinausblasen. Ihr müßt allerdings alle eure körperliche und geistige Energie dafür mobilisieren, sonst wird jeder geringe Widerstand die Konfusion in euch neu beleben.
Konzentriert euch jetzt darauf, Unsicherheit, Zweifel und Verwirrung mit dem scharfen Strahl eures Atems hinauszuschleudern... (30 Sek.)

☆☆☆

16

Ärger loswerden

(Encountertradition)

Ziele

Manchmal ist eine Sitzung mit einer Reihe unvollständig ausgedrückter ärgerlicher Gefühle beendet worden. Dann ist es gut, zu Beginn der kommenden Sitzung jedem Teilnehmer Gelegenheit zu geben, das giftige Gefühl des Ärgers auf sozial unschädliche Art auszudrücken, so daß er seine Energie wieder konstruktiv für die gemeinsame Arbeit einsetzen kann.

Teilnehmer: ab 14 Jahren.

Zeit: ca. 2 Minuten.

Anleitung

Denjenigen, die noch Ärger mit sich herumtragen, möchte ich Gelegenheit geben, ihn loszuwerden. Alle können gleichzeitig ihre Armmuskulatur trainieren.

Stellt euch breitbeinig hin und ballt die Hände zu Fäusten, so stark wie möglich...
Nehmt das giftige Gefühl des Ärgers in die eine Faust und drückt diese dann noch stärker zusammen...
Laßt nun beide Hände wieder locker...
Wiederholt diesen Vorgang noch einmal. Ballt beide Hände zu Fäusten, nehmt das giftige Gefühl des Ärgers in die eine Faust und drückt diese dann so fest zusammen, wie ihr könnt...
Nun entwerft in eurer Vorstellung ein ganz widerliches Objekt, das euren Ärger symbolisiert... (10 Sek.)
Jetzt nehmt dieses imaginäre Objekt in eine oder beide Hände und drückt so fest und so lange, bis ihr es zerstört habt. Zerstört es, damit ihr weder euch selbst schadet noch der Person, die den Ärger in euch ausgelöst hat... (1 Min.)
Kommt nun zum Kreis zurück...

☆☆☆

39

17

Entgiftung

(nach Huxley)

Ziele

Oft beginnen Gruppen ihre gemeinsame Arbeit mit giftigen Überresten, die der einzelne Teilnehmer mit in die Gruppe bringt bzw. die im Laufe der gemeinsamen Arbeit angefallen sind.

Wenn Sie vermuten, daß ein Teil der Gruppenmitglieder mit erheblichen Spannungen in eine Sitzung kommt, dann können Sie mit großem Gewinn dieses lebendige und sehr wirksame Experiment vorschlagen.

Teilnehmer: ab 12 Jahren.

Zeit: ca. 10 Minuten.

Material: Einige große Bögen Packpapier und für jeden Teilnehmer einen Filzschreiber.

Anleitung

Ich möchte euch zu Beginn unserer Sitzung ein Experiment vorschlagen, bei dem ihr etwas von dem, was euch bedrückt oder ärgert, loswerden könnt, so daß wir nachher gut zusammen arbeiten können.

Überlegt euch zunächst, welche Überreste aus der letzten Zeit euch im Moment beschäftigen, aufregen, ängstigen oder ärgern... (15 Sek.)
Konzentriert euch nun auf einen solchen Rest, auf den ihr innerlich mit Anspannung reagiert und nehmt euch dann einen Filzschreiber und reißt euch ein Stück von dem Packpapier ab...
Ihr habt nun zwei Möglichkeiten, um euren Rest loszuwerden. Ihr könnt ein Wort auf das Papier schreiben oder einen kurzen Satz oder ihr könnt ein Gesicht oder einen Gegenstand auf das Papier malen. – Danach habt ihr eine große Auswahl von Möglichkeiten: Ihr könnt das Papier zerreißen, ihr könnt es zusammenknüllen, es in die Luft werfen, es gegen die Wand schleudern. Ihr könnt es zertreten, in den Müll oder aus dem Fenster werfen. Tut das, wozu ihr

gefühlsmäßig neigt, um euch innerlich von diesem Rest zu lösen.

Wenn ihr dann schließlich einen Rest auf diese Weise losgeworden seid und noch weitere Reste in euch habt, dann könnt ihr die nach demselben Grundsatz behandeln: Wir haben genügend Packpapier hier...

(Geben Sie den Teilnehmern 3 bis 6 Minuten Zeit.)

☆☆☆

18

Kraft schöpfen

(nach Rainwater)

Ziele

Dieses einfache Experiment hilft den Teilnehmern, Kraft zu schöpfen, wenn ihr Energieniveau niedrig ist.

Es eignet sich besonders für Sitzungen am Nachmittag, wenn die Vitalitätskurve der meisten Menschen einen relativen Tiefpunkt erreicht.

Teilnehmer: ab 14 Jahren.

Zeit: ca. 4 Minuten.

Anleitung

Ich möchte euch behilflich sein, zu Beginn der Sitzung Kraft zu schöpfen, um anschließend wach und munter an die gemeinsame Arbeit gehen zu können.

Setzt oder legt euch bequem hin...

Schließt die Augen und konzentriert euch auf euren Körper... Wendet eure Aufmerksamkeit nach innen und findet heraus, was in eurem Körper geschieht... (30 Sek.)

Ist eure Lage ganz bequem?... Versucht, eine noch bequemere Position einzunehmen...

Fühlt ihr euch entspannt?... Wenn irgendein Teil eures Körpers doch noch verspannt ist, dann versucht loszulassen... Wenn euch das nicht gelingt, spannt ihn ganz bewußt an - und laßt dann los. Wiederholt das einige Male... (30 Sek.)

Nun achtet auf euren Atem... Wie atmet ihr?... Empfindet, wie die Luft durch die Nase oder den Mund einströmt... Fühlt, wie sie durch den Hals in die Brust und in den Bauch flutet...

Nun stellt euch vor, daß euer Atem kommt und geht wie die sanften Wellen am Ufer des Meeres, und daß mit jedem Atemzug etwas von der Spannung aus eurem Körper geht... Bemerkt, wie ihr euch mehr und mehr entspannt... (30 Sek.)
Nun stellt euch irgendeine Energiequelle vor... Seht, wie sie euch wärmt und euch Energie zuführt...
Fühlt, wie die Energie von vorn überall in euren Körper einströmt. Nehmt mit jedem eurer Atemzüge etwas von dieser Energie in euch auf... (10 Sek.)
Nun stellt euch vor, daß dieselbe Energiequelle hinter euch ist... Fühlt, wie die Energie euren Rücken hinauf- und hinabläuft und wie sie in euren Körper strömt... (10 Sek.)
Nun stellt euch die Energiequelle an eurer rechten Seite vor... Fühlt, wie eure rechte Seite von der Energie aufgeladen wird... (10 Sek.)
Nun stellt euch die Energiequelle auf eurer linken Seite vor... Fühlt, wie eure linke Seite von der Energie aufgeladen wird... (10 Sek.)
Nun stellt euch die Energiequelle über euch vor... Fühlt, wie die Energie in euren Kopf strömt... (10 Sek.)
Nun stellt euch die Energiequelle unter euch vor... Fühlt, wie die Energie von den Fußsohlen aufgesogen wird und wie sie langsam aufsteigt und euren ganzen Körper ausfüllt... (20 Sek.)
Jetzt stellt euch vor, wie ihr selbst Energie aussendet zu irgendeinem Menschen... (10 Sek.)
Jetzt sendet Energie aus zu einer anderen Person... (10 Sek.)
Sendet Energie an eine weitere Person und fragt euch, ob ihr jemandem aus dieser Gruppe Energie senden wollt... (10 Sek.)
Jetzt konzentriert euch erneut auf euren Körper... Was empfindet ihr?... (10 Sek.)

Ich werde jetzt von 10 rückwärts zählen. Wenn ich bei 1 angelangt bin, öffnet bitte die Augen und fühlt euch wach und erfrischt
10... 9... 8... 1.

19

Energiepumpe

(nach Gunther)

Ziele

Dieses einfache Körperexperiment hilft den Teilnehmern, sich in kurzer Zeit erfrischt und „energischer" zu fühlen.

Es eignet sich zu Beginn jeder Gruppensitzung, aber auch als schnelle Erfrischungsprozedur zwischendurch.

Teilnehmer: ab 12 Jahren.

Zeit: ca. 3 Minuten.

Anleitung

Ich möchte euch zeigen, wie ihr euch jetzt und bei vielen anderen Gelegenheiten muntermachen könnt.

Stellt euch bitte hin... Richtet beide Arme in Schulterhöhe nach vorn. Dabei soll die ausgestreckte rechte Handfläche nach oben zeigen und die linke nach unten...

Jetzt macht mit beiden Händen schnell eine Faust... Und öffnet sie wieder... Wiederholt das...

Der Rhythmus geht also so: Hand ausstrecken – Faust machen – Hand ausstrecken – Faust machen.

Macht das jetzt zehnmal hintereinander. Dabei zeigt die rechte Handfläche nach oben, die linke nach unten...

Jetzt kennt ihr die erste Arbeitsphase. Die zweite Arbeitsphase ist sehr ähnlich: Ihr wechselt lediglich die Stellung der Handflächen, so daß die rechte Handfläche nach unten zeigt und die linke nach oben. Öffnet und streckt die Hände abwechselnd wie eben. Macht das wieder zehnmal...

Und nun kennt ihr den ganzen Prozeß. Ich möchte gern, daß ihr jetzt sechs- bis zehnmal die Arbeitsphasen wechselt. Richtet euch nach der Verfassung eurer Hände. Zunächst werden die Hände schnell müde werden. Wenn ihr diese

44

Übung jedoch regelmäßig erprobt, gibt sich das.
Wenn ihr das Minimum von sechs Arbeitsphasen erreicht habt, schließt die Augen für einen Moment und spürt die Energie in euren Händen und Armen. Laßt sie von dort in die anderen Körperteile weiterfließen. Startet jetzt...

20

Weißes Licht

(nach Leavenworth)

Ziele

Dieses kurze Phantasieexperiment kann die Teilnehmer Ihrer Gruppe mit neuer Energie versorgen, wenn sie müde und abgespannt sind. Es eignet sich besonders zu Beginn einer Sitzung.

Teilnehmer: ab 14 Jahren.

Zeit: ca. 3 Minuten.

Anleitung

Ich möchte euch helfen, daß ihr euch munter und vital fühlen könnt.

Setzt oder legt euch bequem hin...
Schließt die Augen und konzentriert euch auf euren Körper... Wendet eure Aufmerksamkeit nach innen und findet heraus, was in eurem Körper geschieht... (30 Sek.)
Ist eure Lage ganz bequem?... Versucht, eine noch bequemere Position einzunehmen...
Fühlt ihr euch entspannt?... Wenn irgendein Teil eures Körpers doch noch verspannt ist, versucht loszulassen... Wenn euch das nicht gelingt, spannt ihn ganz bewußt kräftig an – und dann laßt los... Wiederholt das einige Male... (30 Sek.)
Nun achtet auf euren Atem... Wie atmet ihr?... Empfindet, wie die Luft durch die Nase oder den Mund einströmt... Fühlt, wie sie durch den Hals in die Brust und in den Bauch flutet...
Nun stellt euch vor, daß euer Atem kommt und geht wie die sanften Wellen am Ufer des Meeres, und daß mit jedem Atemzug etwas von der Spannung aus dem Körper geht... Bemerkt, wie ihr euch mehr und mehr entspannt... (10 Sek.)
Stellt euch jetzt ein reines, mildes, weißes Licht vor, das eure Füße umgibt und in sie einsinkt...
Ihr könnt eure Füße entspannen, so daß das weiße Licht bis an die Knöchel reicht... (10 Sek.)

46

Jetzt laßt zusätzlich auch eure Unterschenkel in dem weißen Licht leuchten... (10 Sek.)
Jetzt laßt eure Knie leuchten... (10 Sek.)
Jetzt laßt eure Oberschenkel leuchten... (10 Sek.)
Jetzt dringt das weiße Licht ein in euer Becken und in euer Gesäß...
Jetzt erfüllt das weiße Licht euren Bauch... (10 Sek.)
Jetzt dringt das weiße Licht in euer Herz und läßt es leuchten...
Das weiße Licht läßt eure Lunge und den Hals leuchten, es dringt in eure Arme und Hände... (10 Sek.)

Jetzt geht mit eurem Bewußtsein an den unteren Anfang der Wirbelsäule und laßt das weiße Licht von dort langsam aufsteigen, indem es jeden Wirbel wie eine kleine Glühbirne leuchten läßt... (15 Sek.)
Laßt das weiße Licht bis in die Halswirbel und in euren Geist aufsteigen...
Jetzt leuchtet ihr ganz und gar von innen durch das weiße Licht...
Und jetzt könnt ihr, wen immer ihr wollt, in eurem weißen Licht baden... (10 Sek.)
Badet jetzt selbst in eurem weißen Licht... (10 Sek.)

Ich möchte, daß ihr jetzt dem weißen Licht Adieu sagt. Ich werde von 10 rückwärts zählen, und wenn ich bei 1 angekommen bin, öffnet bitte die Augen und fühlt euch erfrischt und lebendig.
10... 9... 8... 1.

21

Energie in den Körper atmen

(nach Hamlin)

Ziele

In diesem Experiment können die Teilnehmer den Prozeß des Atmens mit ihrer Imaginationskraft verbinden, um die eigenen Energiereserven zu mobilisieren.

Teilnehmer: ab 14 Jahren.

Zeit und Raum: ca. 6 Minuten. Der Raum sollte Teppichboden haben.

Anleitung

Ich möchte euch helfen, ungenutzte Energie verfügbar zu machen. Unser Atmen drückt die wichtigen Polaritäten des Lebens aus, Ausdehnen und Zusammenziehen, Anspannen und Entspannen, Innen und außen, Geben und Empfangen.

Jedes Einatmen ist eine Öffnung, ein Empfangen, die Aufnahme der Welt in uns, und jedes Ausatmen ist eine Rückkehr, ein Geben, ein Loslassen der Welt.

Wie wir uns fühlen, beeinflußt unser Atmen. Genauso gut können wir durch die Art und Weise unseres Atmens auch umgekehrt unsere Gefühle beeinflussen.

In diesem Experiment werdet ihr euren Atem in bestimmte Körperteile blasen, damit ihr euch wie neugeboren und voller Energie fühlen könnt.

Setzt oder legt euch bequem hin und schließt die Augen...
Empfindet die Schwerkraft, die euren Körper nach unten drückt... Fühlt die Luft, die euren Körper umgibt, eure Arme und euer Gesicht... (15 Sek.)
Konzentriert euch auf euer Atmen, wenn ihr einatmet... Fühlt die Luft in eurer Nase und in eurer Kehle... Fühlt die Luft, wie sie eure Brust und euren Bauch ausdehnt... Erlebt die kühlende Wirkung der Luft auf eurem Körper, besonders auf eurer Stirn... (15 Sek.)
Konzentriert euch auf alle diese Empfindungen... (1 Min.)
Jetzt achtet weiter auf euren Atem, wenn ihr ausatmet. Fühlt die Wärme und

Feuchtigkeit in eurem Körper... Bemerkt das warme, feuchte Gefühl in der Umgebung eures Herzens... Achtet eine Minute lang auf die Kühle, wenn ihr einatmet und auf die Wärme, wenn ihr ausatmet... (1 Min.)
Jetzt möchte ich, daß ihr beim Ausatmen Wärme und Energie zu bestimmten Teilen des Körpers sendet.
(Geben Sie für die folgenden kleinen Aufgaben jeweils ungefähr 5 Sekunden Zeit.)
Sendet nun Wärme und Energie zu eurem rechten Bein... zum linken Bein... zum rechten Arm... zum linken Arm...
zum Bauch... zum Nacken...
Jetzt wählt selbst einen Teil eures Körpers aus, zu dem ihr euren Atem schicken wollt... Achtet auf eure Empfindungen, wenn ihr das tut... (15 Sek.)
Jetzt ruht euch noch ein wenig aus und atmet tief und gleichmäßig ein und aus... (1 Min.)
Ich möchte, daß ihr gleich mit eurem Bewußtsein zur Gruppe zurückkehrt. Reckt und streckt vorher euren Körper und gähnt kräftig. Achtet beim Gähnen auf die Kühle beim Einatmen und auf die Wärme beim Ausatmen...

22

Auftanken

(nach Roberts)

Ziele

Hier können sich die Teilnehmer erfrischen und mit Energie aufladen, indem sie sich vorstellen, Energie unmittelbar aus der Erde zu übernehmen. Die sehr einfache Energiemeditation eignet sich gut für den Beginn jeder Gruppensitzung.

Teilnehmer: ab 10 Jahren.

Zeit: ca. 3 Minuten.

Anleitung

Ich möchte euch helfen, euren Energietank aufzufüllen.

Stellt euch aufrecht hin oder legt euch auf den Boden, ganz wie ihr wollt...
Schließt die Augen und bringt euren Korper in eine solche Position, daß ihr das Gefühl habt, gut ausbalanciert zu sein und es wirklich bequem zu haben...
Gönnt Augen und Ohren eine Ruhepause und wendet euer Bewußtsein nach innen... Achtet einen Augenblick auf euren Körper... Was könnt ihr dort bemerken?... (15 Sek.)
Jetzt stellt euch vor, daß die Erde ein riesiger Energieball ist, aus dem ihr etwas abzapfen könnt, damit ihr euch stark und gut fühlt. Ihr könnt euch zum Beispiel vorstellen, daß die Energie summt und brummt, oder ihr könnt euch vorstellen, daß die Energie warm ist und leuchtet – oder alles zusammen, ganz wie ihr wollt... (10 Sek.) Lockert jetzt eure Füße und stellt euch vor, daß die Energie in eure Füße einströmt... (10 Sek.)
Lockert jetzt die Knöchel und laßt die Energie die Beine hochströmen... (10 Sek.)
Laßt jetzt Beine, Knöchel und Füße empfinden, wie die Energie aus der Erde durch sie hindurchströmt ... (10 Sek.)
Laßt jetzt die Energie durch das Becken fließen... und euer ganzer Körper unterhalb der Hüfte kann diese Energie aus der Erde spüren... (10 Sek.)

Jetzt laßt die Energie durch Arme und Hände fließen... (10 Sek.)
Laßt die Energie durch den Bauch fließen... (10 Sek.)
Laßt die Energie jetzt durch den Magen und die Brust fließen bis hinauf zur Kehle... (10 Sek.)
Und jetzt laßt die Energie noch weiter fließen durch eure Augen und durch das Gehirn bis oben zum Scheitel des Kopfes... (10 Sek.) Fühlt den Energiestrom von der Erde bis zu eurem Scheitel...
Merkt euch diese Möglichkeit, euch Energie aus der Erde zu holen. Immer wenn ihr eure Batterie aufladen wollt, könnt ihr die Energie durch eure Füße in den Körper überströmen lassen. Es ist immer genügend Energie da. Ihr müßt euch nur die Zeit dafür nehmen...
Kommt jetzt mit eurem Bewußtsein zur Gruppe zurück und fühlt euch ausgeruht und erfrischt ...
Öffnet die Augen, wenn ich bis 3 gezählt habe. 1... 2... 3...

23

Sich erfrischen

(nach Hendricks)

Ziele

Dieses einfache und sehr kurze Experiment hilft den Teilnehmern am Anfang einer Sitzung oder in einer kleinen Pause, Energie zu schöpfen und Ruhe zu finden.

Teilnehmer: ab 12 Jahren.

Zeit: ca. 2 Minuten.

Anleitung

Ich möchte euch anregen, euch kurz zu erfrischen.

Stellt euch hin und stellt die Füße schulterbreit voneinander entfernt... Dreht die Zehen leicht nach innen...
Entspannt eure Knie und laßt sie locker...
Stemmt die Fäuste in die Hüften und biegt den Oberkörper leicht zurück, so daß sich eure Brust weitet...
Schaut der Welt gerade in die Augen und atmet tief... Beim Ausatmen macht ein „Aaahhh"... Atmet tief ein und aus... (30 Sek.)
Nun beugt den Oberkörper nach vorn, bis eure Fingerspitzen leicht den Boden berühren... Behaltet das Gewicht auf euren Beinen und laßt die Knie locker... Entspannt Schultern und Bauch... (15 Sek.) Nun richtet euch wieder auf...

Wie fühlt ihr euch?...

24

Elfenbeinkugel

(nach Luce)

Ziele

Diese einfache Übung aus dem Tai Chi bietet den Teilnehmern wertvolle Hilfe, um sich körperlich und seelisch zu konzentrieren.

Teilnehmer: ab 14 Jahren.

Zeit: ca. 3 Minuten.

Anleitung

Ich möchte euch ein Experiment vorschlagen, das euch helfen kann, mehr Kontakt zu eurer Mitte zu bekommen, sowohl körperlich als auch seelisch.

Verteilt euch im Raum, zieht eure Schuhe aus und stellt euch so hin, daß die Füße parallel und etwa schulterbreit voneinander entfernt stehen...
Schließt nun die Augen und achtet auf euren Atem... Laßt mit jedem Ausatmen Gedanken, die euch beschäftigen, gehen...
Atmet auch etwas von der Anspannung eures Körpers mit der verbrauchten Luft wieder aus...
Jetzt laßt die Knie locker und beugt sie ganz leicht... Faltet die Hände, so daß sie euren Bauch unterhalb des Nabels berühren...
Etwa fünf Zentimeter unterhalb des Nabels ist der Schwerpunkt eures Körpers. Stellt euch vor, daß ihr dort eine kokosnußgroße Elfenbeinkugel habt. Fühlt ihr Gewicht...
Jetzt verlagert euer Körpergewicht von einem Fuß auf den anderen und haltet die Knie dabei leicht durchgedrückt... Macht eine gleitende Bewegung, so daß ihr erst über das eine Bein gleitet und dann über das andere...
Haltet mit der jeweils unbelasteten Fußspitze Kontakt zum Boden. Wenn ihr das

Gefühl für euren Schwerpunkt verliert, belastet wieder beide Beine gleichmäßig und konzentriert euch erneut auf die Elfenbeinkugel in eurem Bauch... (30 Sek.)

Jetzt öffnet die Augen und beginnt langsam vorwärts zu gehen, indem ihr euren Schwerpunkt zwischen den Beinen von links nach rechts und von rechts nach links verlagert. Dabei sollen eure Knie leicht durchgedrückt sein... (1 Min.)

Bleibt stehen und macht zwei Schritte nach links wie ein Krebs. Haltet die Knie dabei gebeugt und behaltet Kontakt zu eurem Schwerpunkt...

Bleibt stehen, zieht die Luft beim Einatmen herunter bis in euer Zentrum... (30 Sek.)

Nun kommt mit eurer Aufmerksamkeit in den Kreis und zur Gruppe zurück...

25

Schnelle Beruhigung

(nach Wills)

Ziele

Die Teilnehmer sollen schnell Kontakt zu ihrem Zentrum finden und sich auf diese Weise entspannen und beruhigen können.

Das Experiment eignet sich zu Beginn jeder Sitzung sowie für eine kleine Zwischenpause.

Teilnehmer: ab 14 Jahren.

Zeit: ca. 2 Minuten.

Anleitung

Wenn wir Kontakt zu unserem Zentrum haben, dann fällt es uns leichter, bei aller Vielfalt innerer Stimmen und Stimmungen, uns einheitlich zu erleben und von einer sicheren Basis aus unser Tun und Lassen zu bestimmen.

Ich möchte euch eine kurze Technik zeigen, die ihr auch später allein anwenden könnt, wenn ihr festen Boden unter die Füße bekommen wollt.

Stellt euch hin oder legt euch auf den Boden, wenn ihr das wollt... Schließt die Augen... Konzentriert eure Aufmerksamkeit auf euer inneres Zentrum. Schickt alle Gedanken und Gefühle zu diesem Punkt, der ungefähr handbreit unter eurem Nabel liegt... (15 Sek.) Fangt jetzt an, jeden Atemzug in euer Zentrum hinabzulassen... Wenn ihr einatmet und wenn ihr ausatmet, laßt euren Atem das Zentrum erreichen... (1 Min.)

Jetzt wißt ihr, wie ihr Kontakt zu eurem Zentrum herstellen könnt. Immer, wenn ihr euch einmal innerlich hin- und hergerissen fühlt, dann könnt ihr auch auf diesen wichtigen Punkt in konzentrieren und euren Atem dorthin senden.

Öffnet nun wieder die Augen und kommt mit eurer Aufmerksamkeit zur Gruppe zurück...

26

Wurzeln

(nach Brown)

Ziele

Wenn wir das Gefühl haben, mit beiden Beinen auf der Erde zu stehen, sind wir Belastungen besser gewachsen und können unsere Energien besser einsetzen. Das Experiment hilft den Teilnehmern, geistig und körperlich eine solide Position einzunehmen, und bereitet sie auf diese Weise für die gemeinsame Arbeit vor.

Teilnehmer: ab 14 Jahren.

Zeit: ca. 2 Minuten.

Anleitung

Ich möchte euch anregen, zu Beginn dieser Sitzung ein kurzes, erfrischendes Experiment auszuprobieren.

Oft beschäftigen wir uns so sehr mit den Dingen, die in unserem Kopf vorgehen, daß wir mehr in der Phantasie leben als in der Realität. Zur Realität gehört, daß wir trotz aller Ziele, die wir verfolgen, aller Unsicherheit über die Zukunft, aller Ängste und Hoffnungen mit beiden Beinen auf der Erde stehen und daß die Erde uns ziemlich zuverlässig trägt. Wenn wir uns darauf konzentrieren, können wir beträchtliche Kraft schöpfen. Es ist ein gutes Gefühl, wenn wir merken, daß wir fest mit dem Boden verbunden sind.

Stellt euch dazu aufrecht hin und nehmt eine bequeme, ruhige Haltung ein... Entspannt Schultern und Beine...
Geht vielleicht ein paar Schritte, bis ihr einen Platz gefunden habt, wo ihr euch wohlfühlen könnt... (20 Sek.)
Jetzt schließt die Augen und stellt euch vor, daß ihr ein Baum seid, der aus der Erde herauswächst... (10 Sek.)
Stellt euch vor, daß eure Wurzeln bis tief in die Erde unter euren Füßen reichen... (10 Sek.)

56

Jetzt hebt die Arme und stellt euch vor, daß sie die Zweige des Baues sind, die über den Stamm und die Wurzeln ebenfalls mit der Erde verbunden sind... (10 Sek.)

Fühlt, wie die Energie von den Spitzen eurer Zweige hinab bis in die Wurzeln fließt... Und fühlt, wie auch umgekehrt ein Energiestrom von den Wurzeln in eure Zweige strömt... (15 Sek.)

Das Gefühl, Teil der Erde und fest verankert zu sein, könnt ihr immer wieder in euch hervorrufen, wenn ihr euch stark und standfest fühlen wollt. Genießt dieses Gefühl noch ein wenig, und kommt mit eurer Aufmerksamkeit zur Gruppe zurück, wenn ihr genügend Kraft aus der Erde geschöpft habt...

27

Konzentrative Bewegung

(nach Castillo)

Ziele

Manche Menschen können sich besser konzentrieren, wenn sie in Bewegung sind. Für sie ist dies ein besonders schönes Experiment. Es hilft den Teilnehmern, sich zu entspannen und gleichzeitig die Verbindung zum eigenen inneren Zentrum herzustellen.

Besonders schön ist dieses Experiment, wenn es an einem warmen Tag im Freien erprobt wird.

Teilnehmer: ab 10 Jahren.

Zeit und Raum: ca. 3 Minuten. Sie brauchen einen besonders großen Raum.

Anleitung

Ich möchte euch helfen, euch zu entspannen und zu konzentrieren, ehe wir mit der Gruppenarbeit beginnen.

Stellt die Stühle zur Seite und beginnt, zwanglos herumzugehen...
Fühlt euren Körper, wenn er sich gehend bewegt... (30 Sek.)
Empfindet, wie eure Füße den Boden berühren...
Stellt fest, wie sich eure Arme anfühlen und wie eure Beine sich bewegen... (15 Sek.)
Jetzt entspannt euren Nacken... Tragt den Kopf ohne Anstrengung auf den Schultern...
Laßt den Kopf sich entspannen und unterstützt ihn von unten...
Entspannt auch eure Augen und stellt euch vor, daß die Bilder von selbst in die Augen einsinken. Ihr müßt euch nicht anstrengen...
Entspannt jetzt eure Schultern und laßt locker... (10 Sek.)
Entspannt jetzt auch eure Brust, laßt alle Spannung aus ihr herausfließen... (10 Sek.)
Mit jedem weiteren Schritt entspannt euren Oberkörper weiter...

Entspannt Kopf... die Schultern... die Brust... den Bauch... Laßt locker... (15 Sek.)

Und nun entspannt euer Becken und eure Schenkel... Mit jedem Schritt geht tiefer und tiefer in die Entspannung... Wenn ihr bemerkt, (daß ihr euch irgendwo anspannt, dann laßt gleich wieder locker... (10 Sek.)

Wenn ihr weiter herumgeht, entspannt euch weiter und stellt euch dann vor, wie ein Lichtstrahl aus eurem Zentrum ausgeht...

Stellt euch vor, daß dieser Lichtstrahl euch sanft führt und anzieht, so daß jeder eurer Schritte sicher und konzentriert ist... (20 Sek.)

Immer wenn ihr euch konzentrieren und Ruhe finden wollt, könnt ihr dieses Experiment für euch selbst wiederholen. Ihr entspannt euren Körper und bewegt euch dann angezogen durch den Lichtstrahl aus eurem Zentrum mühelos und locker... (10 Sek.)

Jetzt möchte ich, daß ihr in eurem eigenen Rhythmus zur Ruhe kommt, einen Augenblick stehenbleibt, um das Gefühl friedlicher Stille in euch nachklingen zu lassen...

Kommt nun mit eurer Aufmerksamkeit zur Gruppe zurück...

28

Zentriert stehen

(nach Roberts)

Ziele

Das einfache Experiment unterstützt die Gruppenmitglieder, daß sie im wörtlichen und übertragenen Sinne auf eigenen Füßen stehen können. Es ist eine schnelle Hilfe für die Gruppe, sich zu Beginn einer Sitzung zu konzentrieren.

Teilnehmer: ab 10 Jahren.

Zeit: ca. 2 Minuten.

Anleitung

Wenn wir unsere Füße ebenso ernst nehmen wie unseren Kopf, dann sind wir ausgeglichen und belastbar. Unser Kopf hilft uns zu planen und komplizierte Dinge zu entscheiden, unsere Füße geben uns den festen Stand in der Welt und begründen unsere Unabhängigkeit und Selbständigkeit.

Ich möchte euch mit einem kurzen Experiment anregen, mehr Kontakt zu den vom Bewußtsein oft übersehenen Füßen herzustellen und auch auf diesem Wege zu mehr innerer Ausgeglichenheit verhelfen.

Ihr könnt dieses Experiment später auch allein wiederholen, wenn ihr euch unruhig, unkonzentriert und von Anforderungen oder Empfindungen überschwemmt fühlt.

Sucht euch einen Platz, wo ihr bequem stehen könnt...
Schließt die Augen und entspannt euren Körper...
Sagt euren Augen, daß sie sich in der Dunkelheit ausruhen dürfen...
Laßt die Ohren die Arbeit der Augen für eine Weile übernehmen...
Sagt euren Knien, daß sie lockerlassen... (10 Sek.)
Sagt euren Beinen, daß sie sich entspannen ... (10 Sek.)
Sagt dem Bauch, daß er lockerläßt... (10 Sek.)
Sagt der Brust, daß sie sich entspannt... (10 Sek.)

Und sagt auch den Schultern, daß sie sich entspannen... (10 Sek.)
Jetzt laßt euren Körper sanft von einer Seite zur anderen pendeln und verlagert euer Gewicht von einem Bein auf das andere...
Laßt das Pendel langsam und langsamer werden, bis ihr eine Stellung gefunden habt, wo ihr zwischen rechts und links gut ausbalanciert stehen könnt...
Warten Sie, bis jeder Teilnehmer diesen Punkt gefunden hat.
Jetzt pendelt nach vorn und nach hinten, bis ihr eine Stellung gefunden habt, bei der euer Gewicht genau über eurem Fuß liegt, so daß Zehen und Hacke dasselbe Gewicht tragen...
Warten Sie wieder, bis jeder Teilnehmer diesen Punkt gefunden hat.
Jetzt stellt euch vor, daß ihr einen kleinen Körper in euch habt, den niemand von außen sehen kann... Pendelt ihn ebenfalls zwischen rechts und links aus, so daß er in der Mitte zur Ruhe kommt... Pendelt ihn auch aus zwischen vorn und hinten... (15 Sek.)
Jetzt konzentriert euch auf euer Bewußtsein und stellt euch vor, daß es langsam hinabsinkt in euer Zentrum, jene Stelle kurz unterhalb eures Nabels... (10 Sek.)
Genießt das Gefühl, vollkommen ausbalanciert zu stehen, entspannt und zentriert...
Macht euch klar, daß ihr jederzeit dieses Empfinden wieder erreichen könnt, wenn ihr euch entspannt und in Übereinstimmung mit euch selbst fühlen wollt... (10 Sek.)
Jetzt kommt mit eurer Aufmerksamkeit zur Gruppe zurück...

29

Körper und Geist
zentrieren

(nach Bennett)

Ziele

Die Teilnehmer können hier Körper und Geist näher aneinanderbringen und eine gelassene Heiterkeit entwickeln.

Teilnehmer: ab 14 Jahren.

Zeit und Raum: ca. 3 Minuten. Der Raum sollte Teppichboden haben.

Anleitung

Oft reagieren wir übermäßig auf die Reize aus unserer Umgebung, indem wir uns von anderen beeinflussen lassen, uns so oder so zu verhalten. Wir können unser Leben in größerer Freiheit führen, wenn wir häufiger nach innen horchen und den Wünschen unseres eigenen Organismus gerecht werden.

Das wird leichter für uns, wenn wir mehr Kontakt zu unserem inneren Zentrum haben. Auch in unserer gemeinsamen Arbeit werden wir eher vorankommen und fruchtbarer zusammenwirken, wenn jeder von einer möglichst selbständigen Position aus zu dem gemeinsamen Ziel beiträgt.

Dazu kann das folgende kleine Experiment helfen:

Legt euch an einer für euch passenden Stelle auf den Boden...
Laßt Arme und Beine flach und entspannt auf dem Boden liegen...
Laßt euren Rücken auf dem Boden Ruhe finden und empfindet, wie euer ganzer Körper vom Boden gehalten wird... (10 Sek.)
Nun schließt die Augen und laßt sie sich in der Dunkelheit ausruhen... Laßt sie in den Kopf einsinken und Ruhe und Entspannung finden... Gestattet ihnen, ganz untätig zu sein... (10 Sek.)
Nun laßt euer Gesicht sich entspannen, Stirn, Mund und Kiefer...

Und nun laßt eure Zunge sind entspannen und nun euren Nacken... Gestattet Zunge und Nacken, ganz untätig zu sein... (10 Sek.)
Laßt das beruhigende Gefühl der Entspannung den Kopf und den Nacken ausfüllen. Euer Geist bleibt wach, während Kopf, Augen, Wangen und Nacken entspannt sind... (5 Sek.)
Achtet darauf, ob ihr Spannungen in eurem Bauch entdecken könnt... Laßt dort locker und gestattet eurem Bauch, sich ohne Anstrengung gehen zu lassen... (5 Sek.)
Entspannt euch in eurem Becken und bemerkt, wie euer Gesäß ganz durch den Boden gehalten wird. Laßt locker und entspannt euren ganzen Körper... (5 Sek.)
Gestattet jetzt euren Beinen, locker zu sein und die Unterstützung durch den Boden anzunehmen... Laßt Ober- und Unterschenkel locker und weich sein und fühlt, wie eine tiefe und warme Entspannung sich in euren Beinen ausbreitet... (5 Sek.)
Entspannt Füße und Zehen... Laßt locker, so daß alle Anspannung aus den Füßen herausfließt... Fühlt, wie euer ganzer Körper vom Boden gehalten wird... (10 Sek.)
Entspannt eure Augen und bemerkt, daß eine kleine Energiequelle in eurem Bauch unterhalb des Nabels ist... Atmet bis zu diesem Punkt und fühlt, wie die Energiequelle größer wird... (5 Sek.)
Wir haben in unserem Körper einen Punkt, wo unser Zentrum ist, wo wir die Balance finden für unsere gesamte Existenz. Konzentriert euch auf diesen Punkt in eurem Bauch und schickt euren Atem dorthin...
Nehmt euer Zentrum aufmerksam wahr, so daß ihr es immer wiederfinden könnt... (10 Sek.)
Legt eine Fingerspitze sanft auf euer Zentrum... Schickt euren Atem weiter in das Zentrum und erweckt diese Energiequelle in euch... (10 Sek.)
Nun nehmt alles, was in eurem Bewußtsein ist, und schickt es in euer Zentrum... Seid euer Zentrum, atmet ein und aus und empfindet dieses Zentrum eures Körpers und eurer Existenz... (10 Sek.)
Ich werde jetzt von 10 rückwärts zählen bis 1. Wenn ich bei 1 angekommen bin, öffnet bitte die Augen. Ihr werdet euch erfrischt und ausgeruht fühlen.
10... 9... 8... Laßt Zehen und Finger sich bewegen.
7... 6... 5... 4... Nehmt die anderen Teile eures Körpers wahr.
3... 2... 1... Öffnet eure Augen... Setzt euch aufrecht hin und fühlt euch wach und munter...

30

Hier und jetzt

(Gestalttradition)

Ziele

Oft konzentrieren wir uns mehr auf die Vergangenheit und Zukunft und verlieren so den Kontakt zur Gegenwart, zu unserer eigenen aktuellen Wirklichkeit und zur aktuellen Wirklichkeit unserer Partner. Wenn wir genügend Kontakt zur Gegenwart haben, beobachten wir besser und sind dadurch realistischer informiert. Wir sind spontaner und flexibler.

Wenn wir uns selbst mit unseren gegenwärtigen Schwächen und Stärken, Hoffnungen und Wünschen, Gefühlen und Gedanken akzeptieren, können wir uns leichter verändern.

Dieses einfache Experiment hilft den Teilnehmern, verschiedene Vorgänge in der Gegenwart zu beobachten und sie nicht wertend zu registrieren.

Teilnehmer: ab 14 Jahren.

Zeit: ca. 5 Minuten.

Anleitung

Ehe wir mit unserer Arbeit fortfahren, möchte ich euch vorschlagen, daß jeder sich in einem kleinen Experiment sammelt und konzentriert. Ihr könnt dabei üben zu beobachten und euer Bewußtsein stärker in der Gegenwart zu verankern. Vielleicht hilft uns das nachher, daß wir auch besser auf das hören, was in der Gruppe gesagt und getan wird.

Setzt euch bequem hin und schließt die Augen...
Ich möchte, daß ihre eine Zeitlang beobachtet, ohne etwas zu verändern oder zu beurteilen. Ihr könnt euch dabei selbst wahrnehmen, euch selbst in eurer Umgebung.
Beobachtet zunächst, wie ihr atmet... Beobachtet und verändert dabei nichts...
(10 Sek.)

Nehmt die Temperatur der Luft wahr, die ihr einatmet... Merkt, wie die Luft durch eure Nase und durch eure Kehle strömt... Beobachtet, wie sich eure Rippen und die Brust bewegen...
Bemerkt Ebbe und Flut eures Atems und den kurzen Augenblick des Stillstands zwischen Ein- und Ausatmen...
Überprüft, ob ihr jetzt langsamer und tiefer atmet... (10 Sek.)
Bemerkt, daß ihr euch bewegen möchtet, wenn ihr auf eure Spannungen achtet... (10 Sek.)
Nehmt Gedanken und Gefühle wahr, die euch jetzt durch den Kopf gehen... (10 Sek.)
Versucht nicht, sie zu kontrollieren und zu beurteilen, sondern registriert sie lediglich und akzeptiert sie...
Bemerkt die Geräusche um euch herum... (10 Sek.)
Während ihr euch weiter auf euer Gehör konzentriert, achtet auf neue Geräusche, die ihr zuvor nicht gehört habt... (10 Sek.)
Laßt die Geräusche in eure Ohren einsinken... Ihr seid Beobachter...
Bemerkt, wie die Schwerkraft euren Körper auf der Erde festhält und bemerkt, in welche Stellung ihr Füße, Arme und Kopf gebracht habt... (10 Sek.)

Öffnet nun die Augen und beobachtet... Nehmt mit den Augen wahr, ohne euch dabei anzustrengen... (15 Sek.)

31

Liebevolle Konzentration

(nach Leavenworth)

Ziele

In diesem Experiment können die Teilnehmer ihr Bewußtsein liebevoll auf sich selbst konzentrieren.

Voraussetzung ist, daß die Gruppe genügend meditative Erfahrungen sammeln konnte und daß die einzelnen Teilnehmer bereits angefangen haben, sich selbst zu akzeptieren.

Teilnehmer: ab 14 Jahren.

Zeit: ca. 3 Minuten.

Anleitung

Ich möchte euch zu Beginn unserer Arbeit Gelegenheit geben, euch einmal selbst etwas Gutes zu tun und euch selbst akzeptierend und liebevoll gegen-überzutreten.

Unser ganzes Leben lang wünschen wir uns, von anderen geliebt zu werden. Dabei übersehen wir allzu leicht, daß wir uns selbst lieben und gut zu uns sein können. Bedenkt, daß Selbstliebe einmal die Voraussetzung dafür ist, daß ande-re uns lieben können und in einem umfassenderen Sinne auch die Vorausset-zung, daß wir andere akzeptieren und uns auf sie einstellen können.

Setzt oder legt euch bequem hin... Richtet es in jedem Fall so ein, daß euer Rückgrat eine gerade Linie bildet...
Schließt die Augen und konzentriert euch auf euren Atem... Laßt den Atem zuerst euren Bauch anfüllen und dann eure Brust, so daß die beiden Lungenflü-gel, die rechts und links unter den Schlüsselbeinen beginnen, ganz und gar mit Luft angefüllt werden...
Atmet genauso leicht aus, wie ihr einatmet und macht beim Ausatmen ein ganz kleines Geräusch, das nur ihr selbst hören könnt...

Achtet darauf, daß ihr möglichst viel von der verbrauchten Luft immer wieder ausatmet...
Wenn ihr einatmet, laßt die frische Luft kommen, ohne daß ihr euch dabei anstrengt... (1 Min.)
Bemerkt, welche Teile eures Körpers euer Gewicht tragen und welche Stellen der Umgebung euch auf diese Weise unterstützen...
Laßt euch von der Umgebung noch etwas mehr tragen... Stellt euch vor, daß der Untergrund sich emporreckt, um euch zu halten...
Lockert alle Muskeln, die ihr benutzt habt, um euch selbst zu halten und zu stützen... (30 Sek.)
Jetzt legt eure rechte Hand auf euer Zentrum, das etwa eine Handbreit unter eurem Nabel ist...
Legt die linke Hand auf euren Nabel und laßt beide Hände für eine Weile so liegen... (15 Sek.)
Wir haben alle Schwierigkeiten, uns selbst zu lieben. Darum wollen wir als erstes uns verzeihen, daß wir so unfreundlich zu uns selbst gewesen sind, und uns sagen, daß wir uns liebhaben... (10 Sek.)
Beginnt jetzt, alles zu lieben, was unter eurer rechten Hand ist...
Wenn ihr den Eindruck habt, daß ihr dort liebevoll genug gewesen seid, konzentriert euch auf eure linke Hand und liebt alles, was unter ihr liegt... (15 Sek.)
Jetzt legt die rechte Hand zwischen Nabel und Herz, und legt die linke Hand auf euer Herz... Laßt beide Hände für eine Weile dort liegen ... (10 Sek.)
Und nun liebt alles unter eurer rechten Hand; und wenn ihr liebevoll genug wart, konzentriert euer liebevolles Bewußtsein auf das Gebiet unter eurer linken Hand... (15 Sek.)
Nun legt eure rechte Hand auf euren Hals und die linke Hand auf eure Stirn... Liebt alles, was unter eurer rechten Hand ist, und liebt dann auch alles, was unter eurer linken Hand ist... (15 Sek.)
Nun legt beide Hände an eure Seiten und liebt euch einfach darum, weil ihr existiert... (15 Sek.)
Behaltet im Gedächtnis, daß ihr euch selbst lieben könnt, was immer ihr denkt, fühlt oder tut. Ihr habt das Recht und die Möglichkeit, euch bedingungslos zu lieben... (5 Sek.)
Ich werde jetzt von 10 bis 1 zählen, und ich möchte, daß ihr euch aufrichtet und die Augen öffnet, wenn ich bei 1 angekommen bin. Ihr werdet euch erfrischt und lebenswert fühlen. 10... 9... 1.

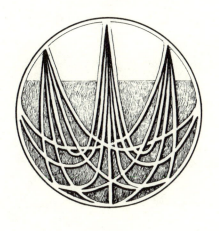

Aktivierende
Experimente

PAARE

32

Aura

(nach Fluegelman)

Ziele

In diesem kurzen Experiment werden die Teilnehmer vor eine ungewöhnliche Situation gestellt und angeregt, Neugier und Intuition einzusetzen, sich auf einen Partner einzustellen und mit ihm zusammenzuarbeiten.

Teilnehmer: ab 12 Jahren.

Zeit: ca. 5 Minuten.

Anleitung

Ich möchte euch vor eine Aufgabe stellen, bei der es auf ganz verschiedene Fähigkeiten ankommt und bei der jeweils zwei Teilnehmer ausprobieren können, wie gut sie sich aufeinander einzustellen vermögen.

Sucht euch zunächst einen Partner, auf den ihr neugierig seid...
Stellt euch voreinander hin, ungefähr 80 cm voneinander entfernt...
Haltet die Handflächen senkrecht, legt sie gegen die Handflächen des Partners...

Ich möchte, daß ihr nachher mit geschlossenen Augen die Hände voneinander entfernt und euch dann dreimal um euch selbst dreht. Dann sollt ihr – ohne die Augen zu öffnen – in die Ausgangsposition zurückkehren, indem ihr erneut eure Handflächen gegeneinander legt.

Es ist wichtig, daß ihr euch von der Energiestrahlung des Partners leiten laßt und versucht, in langsamer direkter Annäherung die Hände des Partners zu erreichen. Wenn ihr wollt, könnt ihr dabei leise sprechen und zum Beispiel die Drehungen zählen. Ihr könnt die ganze Prozedur natürlich auch in völligem

71

Schweigen probieren. Einigt euch jetzt, wie ihr vorgehen wollt...

Schließt nun die Augen und fühlt die Energie, die zwischen euch hin- und herfließt... (20 Sek.)

Löst nun die Hände voneinander, laßt die Arme locker herabhängen und beginnt, euch zu drehen, dreimal um eure eigene Achse. Trefft dann erneut die Handflächen eures Partners...

Geben Sie den Paaren anschließend Gelegenheit zu einem kleinen Austausch ihrer Erfahrungen.

33

Puppe und Zinnsoldat

(nach Canfied)

Ziele

Das Experiment lockert die Teilnehmer auf und aktiviert sie. Die beiden darin enthaltenen Aufgaben sprechen das Kind in den Teilnehmern an, ihr Bedürfnis, Kontakt zu machen und zu spielen.

Je „ernsthafter" sich die Teilnehmer auf dieses Experiment einlassen, desto lebendiger und beweglicher dürften sie die folgende Sitzung beginnen.

Teilnehmer: ab 12 Jahren.

Zeit: zwischen 8 und 15 Minuten.

Anleitung

Ich möchte euch vor Beginn der gemeinsamen Arbeit Gelegenheit geben, miteinander warm zu werden und euch auf spielerische Weise auszudrücken.

Wählt euch einen Partner, der ungefähr genauso groß ist wie ihr selbst, und legt dann fest, wer von euch A und wer B sein soll...

A wird sich in der ersten Runde in einen Zinnsoldaten verwandeln und B in einen Kommandeur. Dabei gelten folgende Spielregeln: Die Zinnsoldaten können nur nach vorne gehen. Sie können nicht denken und keine Entscheidungen treffen. Außerdem bewegen sie sich langsam wie ein Roboter mit steifen Beinen und Armbewegungen.

(Demonstrieren Sie das der Gruppe.)

Die Aufgabe der Kommandeure ist es, daß sie auf ihren Zinnsoldaten aufpassen und ihn so dirigieren, daß er nirgends anstößt. Wenn er eine andere Richtung einnehmen soll, müßt ihr ihn an den Schultern entsprechend drehen. Wenn er stehenbleiben soll, legt eure Hand kurz auf seinen Kopf. Damit er Energie zum Marschieren hat, könnt ihr ihn „aufziehen", indem ihr eine imaginäre Kurbel an seinem Rücken dreht.

Ich möchte, daß jetzt alle B's, das heißt alle Kommandeure, ihre Zinnsoldaten aufziehen, so daß diese losmarschieren können...

(Geben Sie der Gruppe 1 bis 2 Minuten Zeit.)

Stoppt jetzt und wechselt die Rollen...

(Geben Sie wieder 1 bis 2 Minuten Zeit.)

Stoppt. Ich möchte euch jetzt auf die zweite Runde vorbereiten. A soll sich in eine sogenannte Schlenkerpuppe verwandeln. Bei einer Schlenkerpuppe sind Körper und Glieder so miteinander verbunden, daß die Puppe ohne Unterstützung nicht stehen kann. Sämtliche Gelenkstellen sind nicht fixierbar.

A muß also versuchen, sich möglichst zu entspannen und in allen Gelenken ganz locker zu sein. B bekommt die schwierige Aufgabe, die Schlenkerpuppe in einer möglichst senkrechten Position zu halten. Probiert einmal, wie das geht... (1 bis 2 Min.)

Stoppt jetzt und wechselt wieder die Rollen... (1 bis 2 Min.)

Tauscht euch jetzt kurz darüber aus, wie ihr miteinander zurechtgekommen seid und was ihr erlebt habt... (2 Min.)

34

Rückwärts schieben

(Encountertradition)

Ziele

Bei diesem Bewegungsexperiment können die Teilnehmer sich körperlich anstrengen. Die vertiefte Atmung und die wechselnde Belastung einzelner Muskelgruppen können helfen, Verspannungen aufzulösen.

Insgesamt fühlen sich die Teilnehmer lebendiger und tatkräftiger, nachdem sie hier ihre Kraft eingesetzt haben. Sowohl am Anfang einer Sitzung als auch für eine kurze erfrischende Unterbrechung eignet sich dieses Experiment ausgezeichnet.

Teilnehmer: ab 10 Jahren.

Zeit: ca. 5 Minuten.

Anleitung

Ich möchte euch Gelegenheit geben, eure Kraft zu spüren und euch vital und frisch zu fühlen.

Sucht euch einen Partner, der ungefähr so schwer ist wie ihr selbst...
Stellt euch nun Rücken an Rücken und faßt euch an den Händen...
Ich werde euch gleich auffordern, rückwärts gegen den anderen zu pressen, und zwar mit eurem Gesäß, mit dem Rücken und mit euren Händen. Die Hände haben darüber hinaus die Aufgabe, sicherzustellen, daß niemand stürzt. Ihr werdet dann gut schieben können, wenn ihr mit den Füßen guten Kontakt zum Boden habt und eure Beine kräftig einsetzt. Achtet darauf, daß ihr selbst nicht zu Schaden kommt und daß ihr keinem anderen wehtut.
Auf die Plätze – fertig – los! (ca. 1 bis 2 Min.)

Stoppt jetzt und tauscht euch mit eurem Partner aus. Was habt ihr über euch und über euren Partner erfahren?... (2 Min.)

35

Standhalten

(nach Beach)

Ziele

Die Gruppenmitglieder haben hier Gelegenheit, Körper und Geist in einem sportlichen Wettkampf zu koordinieren, der neben Kraft auch Geschicklichkeit, neben Durchsetzungsfähigkeit auch Rücksichtnahme erfordert. Das Experiment macht die Teilnehmer munter und bereitet sie auf eine vergnügliche Weise vor auf die gemeinsame Arbeit.

Teilnehmer: ab 12 Jahren.

Zeit: ca. 5 Minuten.

Anleitung

Ich möchte euch zu einem sportlichen Wettkampf einladen. Immer zwei Teilnehmer können miteinander herausfinden, wie weit sie gleichzeitig aggressives und rücksichtsvolles Verhalten auf disziplinierte Weise praktizieren können.

Sucht euch einen Partner, der euch zu diesem Experiment reizt...
Verteilt euch paarweise im Raum und stellt euch in einem Abstand von Armeslänge zu eurem Partner auf...
Stellt nun eure beiden eigenen Füße dicht nebeneinander und berührt mit euren senkrecht gestellten Handinnenflächen die Handinnenflächen des Partners... .

Euer Ziel soll es nachher sein, den Partner aus der Balance zu bringen und selbst stehenzubleiben.

Dabei gelten einige Spielregeln:
Wenn der Partner einen oder beide Füße umsetzt, während ihr selbst unverrückt stehenbleibt, dann habt ihr einen Punkt gewonnen.
Wenn der Partner sich an euch festhält, weil er zum Beispiel droht, die Balance zu verlieren, oder wenn er euch sonst an irgendeiner anderen Stelle eures Kör-

pers berührt, habt ihr gleichfalls einen Punkt gewonnen.
Wenn beide Partner die Balance verlieren, bekommt niemand einen Punkt.
Ihr braucht euch nicht ständig an den Handinnenflächen zu berühren. Ihr könnt sie zum Beispiel schnell wegziehen oder einen Angriff simulieren, um so den Partner zu verwirren und aus der Balance zubringen.
Wenn ihr den Partner berührt, darf es jedoch nur mit der flachen, senkrecht gestellten Handinnenfläche sein, und ihr dürft nur seine Handinnenfläche berühren.
Achtet darauf, daß ihr die Regeln einhaltet und daß ihr euch selbst nicht verletzt.
Beginnt jetzt... (ca. 3 Min.)
Stoppt jetzt und tauscht euch kurz darüber aus, wie ihr miteinander zurechtgekommen seid und was ihr sonst bemerkt habt. Ihr habt für euer Gespräch noch einmal 2 Minuten Zeit...

36

Zeitlupe

(nach Cinnamon)

Ziele

Die Gruppenmitglieder können in diesem Experiment üben, kontrolliert ihre Kraft einzusetzen, sich spielerisch mit einem anderen Teilnehmer zu konfrontieren und einen kreativen Wettkampf zu gestalten.

Die körperliche Anstrengung aktiviert Atmung und Kreislauf und lockert Verspannungen.

Teilnehmer: ab 12 Jahren.

Zeit und Raum: ca. 6 Minuten. Der Raum sollte Teppichboden haben.

Anleitung

Ich möchte euch zu einem kleinen erfrischenden Wettkampf einladen, bei dem ihr euch anstrengen und euren Körper deutlich wahrnehmen und beleben könnt.

Sucht euch einen Partner, den ihr genügend schätzt, so daß ihr Lust habt, herauszufinden, wie stark und wie geschickt jeder von euch ist...
Verteilt euch dann paarweise im Raum...
Ich möchte, daß ihr gleich miteinander ringt und rauft. Dabei gilt jedoch eine Spielregel, die eurem Kampf einen besonderen Charakter gibt: Alle eure Bewegungen müssen ganz langsam im Schneckentempo ausgeführt werden.

(Demonstrieren Sie einen Bewegungsablauf in dem Tempo, in dem ein Ringkampf in Zeitlupe wiedergegeben werden würde.)

Der Sinn der langsamen Bewegung ist, daß ihr deutlich wahrnehmt, was in eurem Körper vor sich geht, wenn ihr bestimmte Bewegungen ausführt, und daß ihr Kraftentfaltung und Selbstbeherrschung miteinander verbindet.
Wenn jemand von euch in Bedrängnis kommt, ruft er „Stop" Das ist für den Partner das Signal, von ihm abzulassen. Achtet darauf, daß ihr euch selbst und

den Partner nicht verletzt.
Beginnt jetzt euren Ringkampf... (2 bis 4 Min.)

Stoppt nun und sprecht kurz mit eurem Partner darüber, wie ihr miteinander zurechtgekommen seid und was ihr bemerkt habt. Ihr habt für euer Gespräch 2 Minuten Zeit ...

✩✩✩

37

Wem gehört der Ball?

(Improvisationstheater)

Ziele

Die Gruppenmitglieder engagieren sich in einem sportlichen Wettkampf, bei dem sie üben können, Phantasie und genaue Beobachtung, Aggression und Rücksichtnahme, Zähigkeit und Fairneß gleichzeitig einzusetzen.

Obgleich sich die Teilnehmer nicht berühren, werden sie durch die körperliche Anstrengung angeregt und vitalisiert.

Teilnehmer: ab 12 Jahren.

Zeit: ca. 5 Minuten.

Anleitung

Ich möchte euch ein Experiment vorschlagen, daß euch wach und munter machen kann.

Sucht euch einen Partner, auf den ihr neugierig seid...
Ich möchte, daß ihr euch vorstellt, daß ihr gemeinsam einen Ball habt, einen großen ledernen Medizinball mit ungefähr 8 Pfund Gewicht.

(Zeigen Sie der Gruppe die Dimension des Balles – ca. 30 cm im Durchmesser.)

Jeder von euch beiden möchte den Ball für sich haben, und ihr entscheidet die Frage, wem der Ball schließlich gehört, dadurch, daß ihr versucht, einander den imaginären Ball wegzunehmen.
Stellt euch einander gegenüber und haltet den imaginären großen Medizinball in Brusthöhe gemeinsam fest ...
Versucht, das Gewicht des Balles zu empfinden, die Krümmung der Oberfläche und das glatte Leder zu fühlen...
Denkt daran, daß der Ball seine Größe nicht verändert, wenn ihr nachher um den Ball kämpft. Es wird dann sehr wichtig sein, daß ihr eure Bewegungen genau auf den Partner abstimmt. Wenn einer den Ball zu sich heranzieht, muß

der andere zwangsläufig mitgehen oder loslassen. Vermeidet plötzliche Bewegungen und versucht, möglichst viel Energie in eure Aktionen hineinzulegen.
Ihr sollt euch dabei nicht berühren. Trotzdem werdet ihr bemerken, daß der Kampf um den imaginären Ball sehr anstrengend ist, vermutlich ebenso anstrengend wie ein Kampf um einen wirklichen Ball.
Macht euch jetzt fertig zur ersten Runde... und beginnt nun euren Kampf... (ca. 25 Sek.) Ausgangsposition zur zweiten Runde... Fangt an... (25 Sek.)
Stoppt wieder... Schüttelt euch erneut und geht dann noch einmal in die Ausgangsposition für die dritte Runde... Beginnt nun euren Kampf ein letztes Mal... (25 Sek.)

Stoppt jetzt und tauscht euch mit eurem Partner darüber aus, wie ihr miteinander zurechtgekommen seid und was ihr über euch und über euren Partner dabei erfahren habt. Ihr habt für euer Gespräch 2 Minuten Zeitv

KLEINGRUPPEN

38

Gemeinsam aufstehen

(nach Fluegelman)

Ziele

Die Teilnehmer können üben, miteinander zu kooperieren und eigene Aktionen mit denen anderer abzustimmen. Die körperliche Anstrengung belebt sie. Außerdem macht das Ganze Spaß.

Je mehr Gruppenmitglieder an der Aufgabe gemeinsam arbeiten, desto schwieriger wird ihre Lösung.

Teilnehmer: ab 10 Jahren.

Zeit und Raum: 5 bis 10 Minuten. Der Raum sollte Teppichboden haben.

Anleitung

Ich möchte euch Gelegenheit geben, vor der Arbeit miteinander warm zu werden.

Sucht euch ein Gruppenmitglied aus, mit dem ihr herausfinden wollt, wie gut ihr gemeinsam kooperieren könnt...
Verteilt euch nun paarweise im Raum...
Stellt euch Rücken an Rücken und hakt die Arme untereinander. Jetzt versucht, euch so langsam wie möglich Rücken an Rücken auf den Boden zu setzen... Und nun versucht – immer noch Rücken an Rücken und immer noch mit ineinandergehakten Armen – gemeinsam aufzustehen...

(Geben Sie den Teilnehmer 1 bis 2 Minuten Zeit.)

Stoppt jetzt und wiederholt das Ganze noch einmal... (1 bis 2 Min.)
Haltet wieder an... Ich möchte, daß nun immer zwei Paare zusammenkommen

82

und sich Rücken an Rücken mit untergehakten Armen aufstellen...
Ihr seid jetzt zu viert, und ihr sollt wie vorher zunächst langsam und gleichzeitig euch zu Boden setzen, um dann wieder gleichzeitig und möglichst langsam gemeinsam aufzustehen. Benutzt nicht die Hände, um euch am Boden abzustützen... (1 bis 2 Min.)
Stoppt und trennt euch von dem anderen Paar... Kommt in einer neuen Kombination mit zwei anderen Paaren zusammen, so daß ihr jetzt sechs seid...
Versucht das Experiment noch einmal. Setzt euch langsam und gemeinsam hin und steht dann ebenso langsam gemeinsam wieder auf.
(Geben Sie den Teilnehmern wieder 1 bis 2 Minuten Zeit.)

Stoppt jetzt und setzt euch mit eurem Partner aus der ersten Runde zusammen. Sprecht über die Erfahrungen, die ihr miteinander in diesem Experiment gemacht habt... (2 Min.)

39

Knoten

(nach Fluegelman)

Ziele

Das Experiment bringt die Teilnehmer miteinander in Kontakt, obgleich die Aufgabe darin besteht, mehr Distanz zueinander zu entwickeln. Körperliche Bewegung, Phantasie, Beobachtungsgabe und Zusammenarbeit kommen dabei ins Spiel.

Teilnehmer: ab 10 Jahren.

Zeit: ca. 6 Minuten.

Anleitung

Ich möchte euch zu einem Experiment einladen, dessen Thematik euch aus eurem normalen Alltag vertraut ist: Ihr sollt nämlich versuchen, eine komplizierte Verknotung zu lösen – und das ist bekanntlich nicht immer ganz einfach.

Kommt in Achter- oder Zehnergruppen zusammen...
Stellt euch im Kreis Schulter an Schulter und streckt die Hände in die Mitte eures Kreises...
Sucht euch jetzt zwei fremde Hände heraus, vermeidet aber, die beiden Hände ein und derselben Person zu fassen oder die Hände eures unmittelbaren Nachbarn...
Auf diese Weise sollt ihr einen schönen festen Knoten schlingen. Macht es sorgfältig, damit die Auflösung des Knotens nachher genügend reizvoll für euch ist...
Jetzt könnt ihr daran gehen, den Knoten aufzulösen. Dabei gilt eine Spielregel: Ihr dürft die Hände, die ihr gefaßt habt, nicht loslassen. Grundsätzlich bieten sich zwei Lösungswege an: Jeder kann auf eigene Faust versuchen, den Knoten zu lösen, indem er anfängt, seine Position zu verändern. Oder ihr könnt gemeinsam beraten, was zu tun ist, um den Knoten dann schrittweise – soweit es geht – aufzulösen. Vielleicht gibt es sogar noch andere Möglichkeiten für euer Vorgehen.

Beginnt jetzt bitte... (2 bis 4 Minuten)
Stoppt jetzt bitte und setzt euch zusammen. Sprecht miteinander darüber, was ihr beobachtet habt... (2 Min.)

40

Bande bilden

(Encountertradition)

Ziele

Dieses einfache Experiment gibt den Gruppenmitgliedern eine vorzügliche Möglichkeit, sich körperlich zu bewegen und auf spielerische Weise aggressiv zu sein. Die Gruppe kommt körperlich und geistig in Bewegung, und das Energieniveau steigt.

Einzelne Teilnehmer werden regelmäßig durch das zutage tretende aggressive Potential der Gruppe geängstigt. Diese Teilnehmer scheiden oft aus dem Spiel aus. Akzeptieren Sie diese Entscheidung.

Teilnehmer: ab 12 Jahren.

Zeit und Raum: ca. 8 Minuten. Sie sollten einen möglichst großen Raum zur Verfügung haben.

Anleitung

Ich möchte euch zu Beginn der gemeinsamen Arbeit Gelegenheit geben, einen kleinen Ausflug in die Kinderzeit zu machen und miteinander zu spielen.

Stellt euch vor, daß ihr ungefähr 12 Jahre alt seid... Welche von den anderen Gruppenmitgliedern hätten euch in diesem Alter interessiert?... Kommt mit ihnen zusammen und bildet insgesamt drei etwa gleich große Gruppen...
Stellt euch jetzt nebeneinander und hakt die Arme unter... Beginnt, als eine Gruppe Zwölfjähriger durch den Raum zu gehen, und überlaßt euch euren Einfällen. Bleibt als Gruppe jedoch mit untergehakten Armen zusammen... (3 bis 5 Minuten)
Stoppt nun und kommt zum Kreis zurück...

41

Schatzgräber

(Vopel)

Ziele

Das Experiment gibt den Gruppenmitgliedern Gelegenheit, sich körperlich anzustrengen, so daß sie wacher und lebendiger werden.

Die Phantasieaufgabe regt die Neugier und die nicht-rationalen geistigen Energien der Teilnehmer an.

Teilnehmer: ab 12 Jahren.

Zeit: ca. 5 Minuten.

Anleitung

Ich möchte euch zu Beginn der Sitzung eine kurze muntermachende Aktivität vorschlagen.

Kommt in Vierergruppen zusammen und wählt euch dazu Partner aus, mit denen ihr einmal testen wollt, wie gut ihr zusammenarbeiten könnt...
Verteilt euch gruppenweise im Raum...
Stellt euch vor, daß ihr in einem alten verlassenen Schloß im Keller eine große verschlossene Kiste gefunden habt. Die Kiste ist sehr gut verschlossen und so schwer, daß nur ihr vier gemeinsam es schaffen könnt, sie durch ein passendes Loch in der Kellerdecke über euch auf den Fußboden des Erdgeschosses zu bugsieren.
An der würfelförmigen Holzkiste, die ungefähr 1 m Kantenlänge hat, sind glücklicherweise vier Griffe angebracht, an jeder Seite einer. Wenn ihr die Kiste gleich hochhebt, dann sprecht nicht miteinander und versucht, eure Anstrengung mit dem Vorgehen der anderen zu koordinieren. Laßt euch Zeit und paßt vor allem auf, daß euch die Kiste nicht auf die Füße fällt!
Beginnt jetzt...
Während ihr nun die Kiste anhebt, wird jedem von euch klar, was der Inhalt der Kiste ist. Sprecht über diesen Inhalt aber erst, wenn ihr die Kiste gemeinsam

nach oben befördert habt...
(Warten Sie, bis alle Gruppenmitglieder ihre Kisten abgesetzt haben.)

Setzt euch nun zusammen in eurer kleinen Gruppe und sprecht miteinander darüber, was jeder in der Kiste hatte. Tauscht euch auch darüber aus, welche Erfahrungen ihr miteinander bei der gemeinsamen Arbeit gemacht habt...
(2 Min.)

42

Prui

(nach de Koven)

Ziele

Das Spiel aktiviert die Gruppenmitglieder, indem es sie vor eine ungewohnte Situation stellt: Sie müssen blind im Raum herumgehen. Für viele ist das eine große Herausforderung, da sie ihr übliches Kontroll- und Orientierungsverhalten nicht praktizieren können. Andererseits regt die Möglichkeit, anderen blind begegnen zu können, Phantasie und Neugier der Teilnehmer an.

Das Experiment bringt die Gruppenmitglieder im wörtlichen Sinne miteinander in Kontakt und vertieft das Gruppengefühl.

Teilnehmer: ab 12 Jahren.

Zeit und Raum: ca. 10 Minuten. Der Raum muß frei sein von gefährlichen und spitzen Gegenständen etc., an denen sich die Teilnehmer verletzen könnten.

Anleitung

Bei dem folgenden Experiment könnt ihr einmal testen, wie ihr euch fühlt, wenn ihr euch mit geschlossenen Augen in der Welt bewegen müßt und welche Möglichkeiten ihr dann habt, um euch zu orientieren. Ihr lernt dabei euch und die anderen Teilnehmer von einer vermutlich neuen Seite kennen.

Stellt die Stühle zur Seite und schafft einen großen freien Raum...
Verteilt euch im Raum...
Ihr sollt nachher mit geschlossenen Augen im Raum herumgehen.
Ihr seid auf der Suche nach einem Prui. Wenn ihr jemanden zu fassen bekommt, dann schüttelt seine Hand und fragt ihn: „Prui?"
Wenn der Angesprochene zurückfragt: „Prui?", wißt ihr, daß ihr keinen Prui

89

gefunden habt, sondern lediglich einen anderen Sucher.
Haltet die Augen geschlossen und geht weiter, bis ihr einen anderen fragen könnt.
Irgendwann werde ich einem von euch leise mitteilen, daß er Prui ist. Ein Prui kann sehen, deshalb darf der Betreffende die Augen dann öffnen. Leider ist ein Prui jedoch stumm. Wer also auf einen Prui trifft, seine Hand schüttelt und „Prui?" fragt, wird keine Antwort bekommen. Er ist am Ziel.
Jetzt darf auch er die Augen öffnen, denn er wird ein Teil von Prui. Die beiden fassen sich an und gehen schweigend herum. Auch wenn einer von ihnen begrüßt wird, müssen sie weiter Hand in Hand bleiben und können nur die freie Hand zur Begrüßung benutzen.
Jeder, der Prui trifft, schließt sich der wandernden und stummen Prui-Kette an, die wächst und wächst und wächst.
Habt ihr verstanden, wie das geht?...
Schließt jetzt die Augen und beginnt...

Flüstern Sie nach 1 bis 2 Minuten einem Teilnehmer zu, daß er Prui ist.

43

Vampire

(nach Roman Transilvanus)

Ziele

Dieses Experiment macht die Teilnehmer munter und knüpft an die kindliche Spielfreude in uns allen an. Es kommt unseren geheimen Wünschen entgegen, endlich einmal einen Vampir zu treffen und selbst einer zu werden.

Teilnehmer: ab 10 Jahren.

Zeit und Raum: 6 bis 10 Minuten. Der Raum muß frei sein von gefährlichen spitzen Gegenständen etc., an denen sich die Teilnehmer verletzen könnten.

Anleitung

Ich möchte euch ein Experiment vorschlagen, das bei dem einen oder anderen von euch sicher eine Gänsehaut erzeugt. Unter euch werden demnächst nämlich einige Vampire ihrer Leidenschaft nachgehen, und zwar auf folgende Weise:

Wenn ich meine Erklärung beendet habe, werdet ihr alle anfangen, mit geschlossenen Augen hier im Raum herumzugehen. Insgeheim werde ich einen von euch zum Vampir machen. Wie die anderen wird auch er mit geschlossenen Augen umhergehen. Wenn der Vampir jedoch mit einem Teilnehmer zusammentrifft, wird er ihn fest packen und einen lauten, blutrünstigen Schrei ausstoßen. Vermutlich wird das Opfer auch schreien – vor Schreck!

Versucht als Vampire möglichst stilecht eure Opfer zu packen und möglichst authentisch zu schreien. Das Opfer eines Vampirs wird nach altem Brauch ebenfalls Vampir. Sobald der neue Vampir seine Fassung wiedergewonnen hat, zieht auch er los, um sich ein Opfer zu suchen.

Damit ihr euch nicht allzuschnell in eine Monstergruppe verwandelt, gilt folgende Sonderregelung:

Wenn zwei Vampire aufeinandertreffen und sich gegenseitig packen und schreien, verwandeln sich beide wieder in normale Sterbliche.

Achtet darauf, daß ihr immer die Augen geschlossen haltet, ob ihr nun gerade

Mensch oder gerade Vampir seid.
Paßt auch auf, daß ihr euch nicht verletzt.
Jetzt fangt an und schließt die Augen...

Bestimmen Sie nach ca. 1 Minute den ersten Vampir. Lassen Sie der Gruppe für den weiteren Verlauf ca. 6 Minuten Zeit.

44

Schlangengrube

(Kinderspiel)

Ziele

Dieses Experiment gibt den Gruppenmitgliedern Gelegenheit, die immer wieder fesselnde Dynamik von Verfolger und Opfer zu erleben und in beiden Rollen daran teilzunehmen. Auf diese Weise können aggressive Stimmungen spielerisch ausgedrückt werden, kann ein Scheitern symbolisch erlebt und natürlich überlebt werden. Das stärkt neben dem Selbstbewußtsein der Teilnehmer auch ihre Lebendigkeit und Vitalität. Das Ganze bringt außerdem viel Spaß und jede Menge von Zischlauten.

Teilnehmer: ab 10 Jahren.

Zeit und Raum: ca. 10 Minuten. Ideal ist drinnen Holzfußboden, draußen eine Wiese. In jedem Fall muß das „Schlangengebiet" abgegrenzt sein, z.B. für 16 Teilnehmer ungefähr 40 qm.

Anleitung

Ich möchte euch ein Experiment vorschlagen, bei dem ihr eure Bauchmuskulatur ebenso einsetzen könnt wie eure aggressiven Wünsche bzw. eure Überlebensinstinkte.

Ich erkläre nämlich den Gruppenraum zur Schlangengrube. Zwei Freiwillige werden die ersten Schlangen sein. Schlangen dürfen sich nur auf dem Boden kriechend vorwärtsbewegen. Außerdem können sie zischen und züngeln, wie das zu einer rechten Schlange gehört.

Wer von einer Schlange berührt wird, bleibt zum Glück am Leben, muß sich jedoch ebenfalls in eine Schlange verwandeln. Er kann seine Phantasie einsetzen, um zu entscheiden, ob er lieber zu einer Kobra, einer Python oder einer norddeutschen Kreuzotter werden will.

Ganz zu Anfang werden wir eine Minute lang Frieden in der Schlangengrube haben. Ihr könnt alle herumgehen, die beiden Schlangen berühren und streicheln – vielleicht verschonen sie euch dann hinterher.

Dann werde ich rufen „Achtung, Schlange!" – und das ist das Signal für die Schlangen, sich ihre Opfer auszusuchen. Wer dann von einer Schlange berührt wird, wird ebenfalls zur Schlange.

Wer möchte schon jetzt zur Schlange werden?...

Ihr habt jetzt 1 Minute Zeit, um die gefährlichen Tiere unbesorgt in Augenschein zu nehmen... (1 Min.)
Achtung, Schlange!... (ca. 5 Min.)

Oder warten Sie, bis die Gruppe nur noch aus Schlangen besteht. Ermuntern Sie die Schlangen, gehörig zu zischen.

45

Tabu

(nach einem alten Kinderspiel)

Ziele

Dieses Experiment lebt von der Dynamik der Jagd, verbunden mit dem uralten Brauch des heiligen geschützten Raumes. Das schnelle Umherlaufen im Raum belebt die Teilnehmer, und die besondere Spielregel, daß nur eine Umarmung vor dem Verfolger schützt, bringt auch schüchterne Teilnehmer in Kontakt mit anderen. Die Aktivität heitert die Teilnehmer auf und gibt der Gruppe ein Gefühl der Zusammengehörigkeit.

Teilnehmer: ab 10 Jahren.

Zeit: ca. 5 Minuten.

Anleitung

Zu Beginn der Gruppensitzung möchte ich euch Gelegenheit geben, euch etwas auszutoben.

Die Regeln sind einfach und im ersten Teil allseits bekannt: Ein Verfolger läuft hinter euch her. Fängt er jemanden, dann muß dieser als neuer Verfolger seine Schnelligkeit unter Beweis stellen. Geschützt ist vor dem Verfolger nur der, der vor dem Abschlagen noch rechtzeitig ein anderes Gruppenmitglied umarmt. Dies ist die zweite Regel – und sie ist vielleicht dem einen oder anderen noch unbekannt: Wer sich in eine Umarmung gerettet hat, ist für den Fänger tabu und in Sicherheit. Niemand darf jedoch länger als 5 Sekunden in einer solchen Umarmung verweilen. Achtet darauf, daß ihr euch trotz der schnellen Bewegungen nicht verletzt. Wer ist der erste Fänger?... (2 Min.)
Stoppt einen Augenblick. Ich möchte die zweite Regel jetzt verändern. Von nun an seid ihr für den Fänger nur dann tabu, wenn sich immer drei Personen gleichzeitig umarmen.
Der letzte Fänger kann weitermachen... (2 Min.)

✩✩✩

95

46

Raupe

(nach einem Kinderspiel)

Ziele

Dieses vergnügliche Experiment versetzt die Gruppenmitglieder in ihre Kinderzeit, wo es ihnen Spaß machte, flach auf dem Boden liegend einen Wiesenhang hinabzurollen. Die Teilnehmer kommen in guten Kontakt miteinander, ritualisiertes Verhalten der Erwachsenen wird durchbrochen, und es gibt viel Gelächter. Wenn die Gruppe groß genug ist und wenn Sie eine Wiese zur Verfügung haben, können Sie zwei Raupen zum Wettkampf antreten lassen. In diesem Fall starten die rollenden Gruppenmitglieder so schnell hintereinander wie möglich.

Teilnehmer: ab 10 Jahren.

Zeit und Raum: ca. 5 Minuten. Sie brauchen einen mit Teppichboden ausgelegten großen Raum, wenn Sie das Experiment nicht im Freien auf einer Wiese erproben können.

Anleitung

Ich möchte euch Gelegenheit zu einem erfrischenden Experiment geben, bei dem ihr euch im wörtlichen Sinne von einer anderen Seite kennenlernen und viel Spaß haben könnt. Legt euch bitte auf den Boden, und zwar auf den Bauch, einer neben dem anderen... Legt euch so eng wie möglich aneinander und richtet es so ein, daß die kleinsten Teilnehmer immer zwischen zwei langen Teilnehmern liegen...

Jetzt möchte ich, daß derjenige, der am rechten Ende liegt, sich auf seinen Nachbarn hievt und von dort über diesen Leiberteppich langsam und genußbereit bis zum linken Ende rollt, um sich dort wieder auf seinen Bauch zu legen. Das ist dann der Augenblick, in dem der nächste Teilnehmer vom rechten Ende sich auf den Weg machen kann.

Fangt jetzt bitte an... (3 bis 5 Min.)

☆☆☆

47

Stimulation

(Encountertraditon)

Ziele

Die Gruppenmitglieder finden beim Herumgehen und durch die eingestreuten kleinen Aufgaben guten Kontakt zum eigenen Körper, insbesondere zu Armen und Beinen. Auch können sie leicht Kontakt zu anderen Teilnehmern aufnehmen. Angeregt und gelockert können sie dann mit der Gruppenarbeit beginnen.

Teilnehmer: ab 10 Jahren.

Zeit: ca. 3 Minuten.

Anleitung

Ich möchte euch zu einem kurzen Bewegungsexperiment einladen, das euch zu Beginn unserer Arbeit erfrischen wird.

Zieht eure Schuhe aus und stellt die Stühle zur Seite, so daß wir einen großen freien Raum bekommen...

Beginnt nun herumzugehen, kreuz und quer durcheinander, und wählt zunächst ein Tempo, das für euch ganz normal ist... (20 Sek.)

Jetzt steigert euer Tempo und stellt euch vor, daß ihr durch dichten Verkehr eilt, um einen ganz bestimmten Zug zu bekommen... (20 Sek.)

Nun geht ganz langsam und stellt euch vor, daß ihr am Strand des Meeres entlangwandert... (20 Sek.)

Nun wählt wieder ein Tempo, das euch im Moment angenehm und natürlich ist... (20 Sek.)

Wenn ihr an einem anderen Teilnehmer vorbeikommt, dann schlagt beide eure rechten Hände leicht gegeneinander und geht dann weiter... (20 Sek.)

Macht dasselbe jetzt mit der linken Hand, wenn ihr jemandem begegnet... (20 Sek.)

Und nun schlagt beide Hände parallel gegen die Hände des anderen dem ihr begegnet... (20 Sek.)

Stoppt jetzt damit und geht weiter umher und bemerkt, wie sich eure Hände anfühlen... (10 Sek.)

Jetzt schüttelt einander kurz an den Schultern, wenn ihr jemandem begegnet, und geht dann weiter... (20 Sek.)

Jetzt schüttelt einander gegenseitig kurz an den Hüften und geht dann weiter... (20 Sek.)

Wenn ihr jetzt jemandem begegnet, reibt kurz eure Nasenspitzen aneinander... (20 Sek.)

Jetzt geht herum, ohne irgend etwas Besonderes zu tun, und bemerkt, wie sich euer Körper anfühlt und in welcher Stimmung ihr seid... (20 Sek.)

Wie fühlt ihr euch jetzt?...

48

Ovation

(nach Weinstein)

Ziele

Dieses Experiment betont die liebevollen Elemente in der Gruppenkultur und aktiviert Einfühlung und Anteilnahme ebenso wie Atmung und Bauch- und Armmuskulatur.

Sie sollten das Experiment dann mit Ihrer Gruppe erproben, wenn der eine oder andere Teilnehmer offensichtlich deprimiert und traurig oder lustlos ist.

Teilnehmer: ab 12 Jahren.

Zeit: ca. 2 Minuten.

Anleitung

Ich möchte die Sitzung damit anfangen, daß wir dem einen oder anderen, der sich im Augenblick nicht besonders gut fühlt, gemeinsam eine kleine Freude bereiten.

Wer von euch kann eine kleine Aufmerksamkeit von der Gruppe gebrauchen?...

(Eine andere Eröffnung, die bei sehr schüchternen Gruppenmitgliedern vielleicht angebrachter ist, geht folgendermaßen:

Renate sieht etwas verhagelt aus und so, als ob ihr eine Aufmunterung gut täte...)

Ich möchte, daß wir uns alle hinstellen und eine Minute lang mit vereinten Kräften unsere Zuneigung dadurch ausdrücken, daß wir den Betreffenden anschauen und kräftig in die Hände klatschen, in Hochrufe ausbrechen usw. Tut, was euch möglich ist... (1 Min.)

Massage
Experimente

49

Schulterkette

(nach Simon)

Ziele

Ein großer Teil der Müdigkeit, die wir bei unseren Gruppenmitgliedern und bei uns selbst erleben, hängt mit der geringen Versorgung durch physische und psychische Streicheleinheiten zusammen. Im Verlauf eines durchschnittlichen Tages werden wir viel zu wenig in freundlicher Absicht berührt oder mit anerkennenden und wohlwollenden Worten angesprochen. Oft reagieren wir dann mit Verteidigung oder Angriff bzw. mit Abschalten unserer Empfindungsfähigkeit.

Dabei spannen wir unsere Muskulatur an und atmen flach.

Für das Anwärmen in einer Gruppe sind daher alle Aktivitäten nützlich, die physischen Kontakt unter den Teilnehmern herbeiführen. Besondere Bedeutung haben die Experimente, bei denen eine freundliche „Behandlung" des eigenen bzw. fremden Körpers beabsichtigt ist.

In diesem sehr einfachen und zugleich grundlegenden Anwärmexperiment können die Gruppenmitglieder üben, sich Streicheleinheiten zu geben, die munter machen.

Teilnehmer: ab 10 Jahren.

Zeit: ca. 6 Minuten.

Anleitung

Ich möchte, daß ihr die Gruppenarbeit damit beginnt, daß ihr euch gegenseitig etwas Gutes tut. Ihr wißt, daß wir unseren Körper viel zu oft wie eine Art Maschine behandeln, die funktionieren muß. Wir werden alle zu wenig gestreichelt, weil unsere Kultur Streicheln vor allem auf erotische und sexuelle Beziehungen begrenzt.

Stellt euch bitte im Kreis auf...

Dreht euch dann nach rechts herum und legt eure Hände auf die Schultern des vor euch stehenden Nachbarn. Ich möchte, daß ihr nun mit euren Händen etwas von der Müdigkeit und Einsamkeit wegnehmt, die auf den Schultern eures Vordermannes liegen. Setzt eure Hände so ein, daß ihr dem Partner das Gefühl gebt, daß ihr es gut mit ihm meint und daß er das, was eure Hände mit seinen Schultern tun, genießen kann.
Findet selbst heraus, auf welche unterschiedlichen Arten ihr die Schultern eures Partners verwöhnen könnt... (2 Min.)
Stoppt nun und laßt eure Hände noch ein wenig auf den Schultern des Partners ruhen... (10 Sek.)
Nehmt sie nun langsam herab... Achtet einen Moment darauf, wie sich eure eigenen Schultern anfühlen...
Dreht euch herum und revanchiert euch bei eurem Partner auf der linken Seite für das, was er euch vorher Gutes getan hat... (2 Min.)
Laßt eure Hände noch eine Weile auf den Schultern des Partners liegen... (10 Sek.)
Nun nehmt sie langsam herab...
Wie fühlen sich eure Schultern und der Rücken im Augenblick an...

Kommt zum Kreis zurück...

50

Rückenmassagen

(Vopel)

Ziele

Jeweils zwei Gruppenmitglieder können sich dadurch etwas Gutes tun, daß sie den in der Regel von uns stark vernachlässigten Rücken durch verschiedene Formen der Massage entkrampfen und lebendig machen. Dies ist ein immer wieder geschätztes klassisches Anwärmexperiment, das sich besonders gut für die erste Sitzung eines Tages eignet.

Teilnehmer: ab 12 Jahren.

Zeit: ca. 8 Minuten.

Anleitung

Ehe wir mit der Arbeit beginnen, möchte ich euch eine sehr angenehme Erfahrung machen lassen.

Sucht euch einen Partner, auf den ihr neugierig seid...
Holt euch jetzt pro Paar einen Stuhl und verteilt euch dann paarweise im Raum...
Ich möchte, daß der Kleinere von euch sich seitlich auf den Stuhl setzt. Setzt euch auf den vorderen Teil des Sitzes und öffnet die Beine leicht und stützt die Unterarme auf die Oberschenkel. Beugt euch bequem vornüber und laßt den Kopf auf die Brust sinken.
Haltet die Augen geschlossen.
Ihr werdet gleich durch euren Partner in den Genuß einer abwechslungsreichen Rückenmassage kommen. Der Rücken gehört ja zu den Teilen unseres Körpers, die wir besonders viel vernachlässigen. Andererseits neigen wir dazu, die Rückenmuskulatur besonders im Schulter- und Nackenbereich anzuspannen, wenn wir wichtige Gefühle nicht ausdrücken mögen. Die Massage soll eurem Rücken wohltun und einige eurer Verspannungen lösen.
Ich möchte, daß die Masseure jetzt beide Hände glockenförmig halten und mit

105

schnellen, federnden Bewegungen aus dem Handgelenk den ganzen Rücken des Partners vom Kreuzbein bis zu den Schultern beklopfen. Schlagt abwechselnd mit der linken und rechten Hand und haltet die Hände dicht beieinander. Schlagt in schnellen, kräftigen Schlägen. Atmet tief genug ein und aus, während ihr schlagt, denn sonst ermüdet ihr rasch. Ihr werdet sehen, daß das Massieren ohnehin viel Kraft erfordert...

Die sitzenden Teilnehmer können Wünsche äußern, welche Gebiete sie besonders gern massiert haben mögen und wie intensiv und kräftig sie das Klopfen wünschen. Laßt euren Partner sofort wissen, wenn er zu kräftig schlägt oder wenn ihr möchtet, daß er stärker schlagen soll. Atmet gleichmäßig und bewußt, dann habt ihr am meisten davon... (30 Sek.)

Jetzt wechselt eure Technik und klopft mit der flachen Hand links–rechts–links–rechts mit federnden, kräftigen Schlägen... (30 Sek.)

Ändert wieder die Technik. Stellt die Hände senkrecht, haltet sie dicht beieinander und beklopft den Rücken mit den Handkanten wie beim Karate. Geht wieder über den ganzen Rücken. Seid vorsichtig auf dem Rückgrat... (30 Sek.)

Stoppt und konzentriert euch jetzt auf die Schulter-Nacken-Partie. Knetet diese so durch, daß es für euren Partner angenehm ist. Bitte äußert eure Wünsche, damit euer Masseur weiß, was ihr von ihm möchtet... (45 Sek.)

Stoppt jetzt und klopft zum Schluß noch einmal in einem schnellen Tempo den ganzen Rücken des Partners mit flacher Hand... (10 Sek.)

Stoppt nun und wechselt die Rollen...

(Wiederholen Sie die Instruktionen.)

Ich möchte, daß ihr euch jetzt miteinander darüber unterhaltet, wie ihr die Massage erlebt und was ihr über euch und über euren Partner erfahren habt... (2 Min.)

51

Schlagen der Beine

(nach Gunther)

Ziele

Das ist eine einfache Methode, die Muskulatur der eigenen Beine zu kräftigen, die Durchblutung zu fördern und insgesamt die Beine in das Körperbewußtsein zu reintegrieren.

Teilnehmer: ab 12 Jahren.

Zeit: ca. 5 Minuten.

Anleitung

Ich möchte euch anleiten, etwas für eure Beine zu tun, so daß ihr sie deutlicher wahrnehmt und sicherer auf ihnen stehen könnt.

Zieht eure Schuhe aus... Stellt euch hin und schließt die Augen... Empfindet eure Beine... Wie sicher steht ihr auf dem Boden?... Jetzt öffnet die Augen und stellt das linke Bein ein wenig vor...

Ihr sollt gleich das linke Bein sanft und kräftig schlagen. Dabei soll eure Hand die Form des jeweiligen Untergrundes annehmen, den sie berührt. Schlagt mit beiden Händen gleichzeitig und laßt Handgelenke und Schultern locker sein. Atmet gut ein und aus dabei, damit ihr nicht so schnell ermüdet.

Beugt euch jetzt vor und beginnt bei den Fersen, klopft vorn und hinten, rechts und links... (10 Sek.)

Geht weiter zum Knöchel und klopft vorn und hinten, rechts und links... (10 Sek.)

Jetzt klopft die Wade vorn und hinten, rechts und links... (15 Sek.)

Und nun klopft auch die Schenkel, vorn und hinten, rechts und links... (20 Sek.)

Jetzt geht weiter zur Hüfte und klopft die Hüfte und euer Gesäß vorn und hinten, rechts und links... (20 Sek.)

(Wiederholen Sie diese Anweisungen zweimal.)

Nun richtet euch auf und schließt die Augen...
Spürt euer linkes Bein und fühlt den Unterschied zu eurem rechten Bein... (10 Sek.)
Öffnet eure Augen wieder und stellt das rechte Bein nach vorn...
Schlagt auf die Fersen vorn und hinten, rechts und links... (10 Sek.)

(Wiederholen Sie die Anweisungen dreimal, wie sie für das linke Bein gegeben wurden.)

Richtet euch wieder auf, schließt die Augen und spürt eure beiden Beine... Spürt den Boden unter ihnen... (10 Sek.)
Und nun öffnet eure Augen erneut, schaut euch um und kommt zum Kreis zurück...

52

Klopfen des Kopfes

(nach Gunther)

Ziele

Dies ist ein sehr einfaches Massage-Experiment, mit dem sich die Teilnehmer gegenseitig erfrischen und einen klaren Kopf schaffen können. Es eignet sich ebenso gut für den Beginn einer Sitzung wie zur kurzen, erfrischenden, erholsamen Unterbrechung einer anstrengenden Arbeitsphase.

Teilnehmer: ab 12 Jahren.

Zeit: ca. 6 Minuten.

Anleitung

Ich möchte, daß ihr zu Beginn dieser Sitzung ein paar Minuten darauf verwendet, gut zu eurem Körper zu sein und eurem viel strapazierten Kopf eine erfrischende Kopfmassage zu gönnen.

Sucht euch einen Partner aus, auf den ihr neugierig seid...
Nehmt euch pro Paar einen Stuhl und verteilt euch dann paarweise im Raum...
Ich möchte, daß der Kleinere von euch sich auf den Stuhl setzt, und zwar so, daß der Kopf möglichst senkrecht über dem Becken gehalten wird. Er soll die Augen schließen und sie während des ganzen Experiments geschlossen halten. Haltet euren Körper locker und laßt die Auswirkungen des Klopfens möglichst weit auch den übrigen Körper durchwandern. Sagt eurem Masseur Bescheid, wenn er zu stark oder zu leicht klopft bzw. wenn er an einer bestimmten Stelle länger verweilen soll. Atmet locker und stellt euch vor, daß ihr die Luft bis in euer Becken hinabströmen laßt.
Der Masseur soll sich hinter seinen Partner stellen...
Betrachtet den Kopf eures sitzenden Partners. Krümmt die Finger in allen Gelenken und beginnt gleichzeitig mit beiden Händen oben auf dem Kopf schnell und federnd zu klopfen. Denkt daran, daß ihr genügend atmet, damit ihr selbst munter bleibt für eure Arbeit des Klopfens. Hebt die Hände beim

109

Klopfen nicht weiter als 1 cm vom Kopf... (15 Sek.)

Klopft jetzt auf den Hinterkopf... (15 Sek.)

Nun klopft auf die Partie unter den Ohren... (15 Sek.)

Klopft jetzt auf die Seiten des Kopfes und an die Schläfen... (15 Sek.)

Klopft nun auf die Stirn... (15 Sek.)

Nun wiederholt das Ganze etwas rascher und mit sanften Schlägen. Beginnt wieder auf dem Schädeldach, geht weiter zum Hinterkopf, unter die Ohren, an die Seiten des Kopfes und an die Schläfen, und laßt das Klopfen dann auf der Stirn langsam ausklingen... (10 Sek.)

Der Sitzende hat nun 30 Sekunden Zeit, das Klopfen in sich nachwirken zu lassen. Der Masseur kann sich derweil einmal das Gesicht des Partners anschauen... (30 Sek.)

Tauscht nun die Plätze...

(Wiederholen Sie die Anweisungen.)

53

Stirn und Schläfen glätten

(Encountertradition)

Ziele

Das Experiment berücksichtigt das Bedürfnis der Gruppenmitglieder nach freundlicher Berührung und bietet gleichzeitig eine ausgezeichnete Gelegenheit, Stirn und Schläfen zu entspannen. Zugleich kann jeder Teilnehmer üben, sich möglichst genau auf einen anderen Menschen einzustellen und ein paar Minuten lang nur für ihn da zu sein.

Teilnehmer: ab 12 Jahren.

Zeit: ca. 10 Minuten.

Anleitung

Ich möchte euch anregen, einander zu Beginn unserer Arbeit eine wirkliche Freude zu bereiten. Ihr wißt, daß kleine Kinder ganz glücklich strahlen können, wenn sie von den Eltern gestreichelt werden. Ihr könnt hier feststellen, daß auch Erwachsene ähnlich reagieren.

Sucht euch einen Partner, den ihr gern näher kennenlernen möchtet bzw. dessen Gegenwart euch im Augenblick angenehm ist...
Setzt euch einander gegenüber...
Der Kleinere von euch soll die Augen schließen. Haltet sie so lange geschlossen, bis ich euch auffordere, sie wieder zu öffnen...
Ich möchte, daß der andere das Gesicht des Partners genau anschaut, insbesondere den oberen Teil, Stirn und Schläfen... Streicht, wenn notwendig, vorsichtig die Haare des Partners aus dem Gesicht...
Nun beginnt vorsichtig mit euren Fingerspitzen alle Müdigkeit, Spannung und Falten von Stirn und Schläfen des Partners wegzustreichen... Stellt euch ganz auf euren Partner ein und überlaßt es der Weisheit eurer Hände, ihm das zu geben, was für ihn gerade angenehm ist... (2 Min.)
Verabschiedet euch jetzt von Stirn und Schläfen des Partners und nehmt dann

111

sein Gesicht für einen kleinen Augenblick behutsam in beide Hände... (10 Sek.)
Nun nehmt die Hände sanft zu euch zurück...
Öffnet nun die Augen und tauscht die Rollen...

(Wiederholen Sie die Anweisungen.)

Tauscht euch nun für zwei Minuten darüber aus, was ihr erlebt habt und wie ihr miteinander zurechtgekommen seid... (2 Min.)

54

Trommeln

(Encountertradition)

Ziele

Dieses sehr einfache Massage-Experiment lockert die Muskulatur des Oberkörpers, vertieft die Atmung und regt die Blutzirkulation an.

Teilnehmer: ab 12 Jahren – für Gruppen mit ausschließlich männlichen Teilnehmern.

Zeit: ca. 2 Minuten.

Anleitung

Ich will euch zeigen, wie ihr euch in kurzer Zeit erfrischen könnt.

Stellt euch breitbeinig hin und legt den Kopf etwas in den Nacken. Wölbt den Oberkörper leicht zurück und beginnt, mit flachen Händen auf eure Brust zu trommeln. Laßt die Hände sich dem Untergrund anpassen und schlagt kräftig, aber nicht so stark, daß es wehtut, auf eure Brust.

Schlagt auf die ganze Fläche eurer Brust. Wenn ihr ausatmet, schreit laut: „Aaahh... "... (20 Sek.)

Laßt die Arme herabsinken...

Wie fühlt ihr euch?...

55
Vorbereitung auf den Tag
(Vopel)

Ziele

Dieses Experiment eignet sich vor allem auch für die erste Sitzung eines Tages, wenn die Gruppenmitglieder noch nicht ganz wach und noch etwas in ihren Träumen befangen sind. Sie werden auf sanfte Weise geweckt.

Teilnehmer: ab 14 Jahren.

Zeit und Raum: ca. 15 Minuten. Der Raum sollte mit Teppichboden ausgestattet sein.

Anleitung

Ich möchte, daß ihr euch gegenseitig etwas verwöhnt.

Wählt euch einen Partner, dessen körperliche Nähe euch im Augenblick angenehm ist ...
Ich möchte, daß sich der Kleinere von euch zunächst auf den Boden legt... Die Aufgabe des Größeren ist es, fünf Minuten lang den Partner zu verwöhnen. Euer Ziel soll es sein, den Körper des anderen zu lockern, zu wärmen und auf den Tag mit seinen Anforderungen vorzubereiten, d.h. ihn lebendig und neugierig zu machen. Versucht selbst herauszufinden, auf welche Weise ihr das bewerkstelligen könnt.
Der Liegende soll die Augen geschlossen halten. Bitte sprecht auch nicht miteinander.
Beginnt jetzt, ihr habt fünf Minuten Zeit...
Nehmt euch noch eine halbe Minute, um zum Schluß zu kommen ...
Nun wechselt die Rollen... Ihr habt wieder fünf Minuten Zeit...
Nehmt euch noch eine halbe Minute, um zum Schluß zu kommen...
Sprecht nun miteinander, was ihr empfunden habt und wie ihr miteinander zurechtgekommen seid... (2 Min.)

56

Handmassage

(Encountertradition)

Ziele

Hier erhält jeder Teilnehmer so viel freundliche Aufmerksamkeit, daß er mit gestärktem Selbstbewußtsein die Arbeit beginnen kann.

Teilnehmer: ab 12 Jahren.
Zeit: ca. 7 Minuten.

Anleitung

Ich möchte, daß ihr euch zu Beginn der Arbeit freundlich begegnet. Wählt euch einen Partner aus, dessen körperliche Nähe euch im Augenblick angenehm ist...

Setzt euch einander gegenüber...

Ich möchte, daß der Kleinere von euch dem anderen die rechte Hand überläßt und dabei die Augen schließt. Der Größere soll die Hand durchkneten und massieren und ihr all das geben, was sie braucht, um sich wohl zu fühlen, tatkräftig und neugierig zu sein. Sprecht bitte nicht miteinander während des Experiments. Laßt euch von der Hand selbst, ihren charakteristischen Merkmalen und ihren Reaktionen leiten und natürlich von den anderen Signalen, die der Partner sendet. Bitte beginnt jetzt... (2 Min.)
Verabschiedet euch jetzt von der Hand und gebt sie vorsichtig dem Partner zurück...
Öffnet nun die Augen und wechselt die Rollen...

(Wiederholen Sie die Instruktionen.)

Tauscht euch nun darüber aus, was ihr erlebt habt und wie ihr miteinander zurechtgekommen seid... (2 Min.)

Diagnostische
Experimente

57

Gegensätze

(nach Castillo)

Ziele

Dieses Gestalt-Experiment hilft den Gruppenmitgliedern, einen wichtigen Aspekt ihrer augenblicklichen seelischen Situation zu erfassen und über die Beschäftigung mit dem entgegengesetzten Aspekt in eine bessere Balance zu kommen.

Das vertiefte Selbstbewußtsein beugt Störungen vor und sorgt für einen ausgeglicheneren Start der Gruppe bei der Arbeit.

Teilnehmer: ab 14 Jahren.

Zeit: ca. 6 Minuten.

Anleitung

Ich möchte euch ein Experiment vorschlagen, das euch hilft, euch selbst besser zu verstehen und mehr innere Ausgeglichenheit zu erlangen.

Schließt eure Augen und konzentriert euch darauf, wie ihr euch im Moment fühlt... Bringt eure augenblickliche Stimmung mit eurem Körper zum Ausdruck. Sitzt so, wie ihr euch fühlt ... Atmet, wie ihr euch fühlt... Drückt euer Gefühl durch eure ganze Muskulatur aus... Wählt ein einzelnes Wort aus, das euch im Augenblick am besten beschreibt... (10 Sek.)
Jetzt stellt euch vor, daß euer ganzer Körper dieses Wort ist...
Wenn euer Wort zum Beispiel „ruhig" heißt, dann laßt euren ganzen Körper ruhig sein, vielleicht wollt ihr euch richtig hinlegen. Wenn euer Wort „angespannt" heißt, dann spannt euren ganzen Körper an, Finger, Rücken, Beine, Füße usw. Laßt den ganzen Körper das sein, was das Wort sagt... (10 Sek.)
Laßt dann das Wort wachsen, so daß es euren ganzen Körper anfüllt... (10 Sek.)
Nun laßt das Wort zusammenschrumpfen, bis es kaum noch da ist... (10 Sek.)

Nun laßt das Wort ganz fallen und laßt euren Körper sich so verändern, wie er es jetzt gern möchte... (10 Sek.)

Nun denkt an genau das Gegenteil eures ursprünglichen Wortes...

Bewegt euren Körper in einer passenden Weise, so daß er dieses neue gegensätzliche Wort wird...

Werdet dieses Wort in jeder Beziehung. Sitzt so, atmet so und drückt dieses Wort durch eure Muskulatur aus...

Laßt das Wort wachsen, bis es euren ganzen Körper anfüllt... (10 Sek.)

Laßt es nun zusammenschrumpfen, bis es kaum noch da ist... (10 Sek.)

Und nun laßt das Wort fallen und laßt euren Körper sich so verändern, wie er es möchte... (10 Sek.)

Seid jetzt wieder das erste Wort und bewegt euren Körper auf eine passende Weise dazu... (10 Sek.)

Seid jetzt wieder das Gegensatz-Wort und bewegt euren Körper auf passende Weise... (10 Sek.)

Nun findet ein Wort in der Mitte, das zwischen den beiden gegensätzlichen Worten steht.– Drückt es dann mit eurem ganzen Körper aus... (10 Sek.)

Stoppt jetzt ... Kommt zu zweit zusammen und tauscht euch darüber aus, was ihr erfahren habt, was eure Worte waren und wie ihr euch jetzt fühlt... (2 Min.)

☆☆☆

58

Standortbestimmung

(nach Meier)

Ziele

Die Gruppenmitglieder können herausfinden, was sie im Augenblick empfinden, in welcher Stimmung sie sind, was sie im Innersten bewegt. Ein angemessenes Selbstverständnis ist nicht immer erfreulich, aber eine wichtige Voraussetzung für positive Veränderungen.

Schließlich hilft das Experiment, den einzelnen besser zu verstehen.

Teilnehmer: ab 14 Jahren.

Zeit: ca. 8 Minuten.

Anleitung

Ehe wir mit der Arbeit beginnen, möchte ich euch anregen, euch bewußter zu werden, wo ihr im Augenblick gefühlsmäßig steht und was ihr empfindet.

Unser Körper weiß oft viel besser als unser Computer, was wir fühlen, was wir hoffen oder fürchten. Wenn wir sensibler auf die Signale unseres Körpers achten, können wir uns selbst besser verstehen und leichter wissen, was wir wollen.

Konzentriert euch einen Augenblick ganz auf euren Körper, indem ihr die Augen schließt, und versucht, den Körper mit seinen wichtigen Einzelteilen zu spüren von den Füßen bis zum Kopf... (30 Sek.)

Jetzt laßt euren Körper allmählich eine Position finden, die zu eurem augenblicklichen Gemütszustand paßt. Diese Stellung muß nicht unbedingt auf den ersten Blick sinnvoll scheinen. Euer Körper weiß, was er tut. Vertraut ihm und seinen Impulsen. Versucht gleichzeitig, eurem Computer etwas Ruhe zu gönnen, so daß ihr die Impulse eures Körpers nicht sogleich beurteilt oder unterdrückt...

(Warten Sie etwa eine Minute. In der Zeit werden die meisten Gruppenmitglie-

121

der ihre Position gefunden haben und zur Ruhe gekommen sein.)

Wenn ihr es noch nicht getan habt, schließt jetzt bitte die Augen, behaltet eure Position jedoch bei... Konzentriert euch auf die Empfindungen in eurem Körper...
Geht mit eurem Bewußtsein in eure Beine... Wie fühlen sie sich in dieser Position?... (10 Sek.)
Geht mit eurem Bewußtsein jetzt zum Rückgrat... Wie fühlt es sich an in dieser Position... (10 Sek.)
Geht jetzt mit eurem Bewußtsein in eure Arme und Hände... Wie fühlen sie sich in dieser Position?... (10 Sek.)
Werdet euch nun eurer Schultern bewußt und wie sie sich anfühlen... (10 Sek.)
Geht mit eurem Bewußtsein jetzt zum Nacken... (10 Sek.) und zu eurem Gesicht... (10 Sek.)
Werdet euch eurer Genitalien bewußt... (10 Sek.)
Fühlt nun euer Herz und bemerkt euren Pulsschlag durch euren ganzen Körper... (10 Sek.)
Wie funktioniert euer Atem in dieser Position?... Wie schnell atmet ihr und wie tief?...
Jetzt werdet euch eures Körpers in seiner Ganzheit bewußt und wie er sich anfühlt... (10 Sek.)
Geht jetzt zu eurem Kopf und werdet euch bewußt, welche Stimmen ihr gehört habt bzw. jetzt hört, während ihr in dieser Position seid... (10 Sek.)
Öffnet nun wieder die Augen, werdet euch der anderen Gruppenmitglieder bewußt und der Beziehung, die ihr zu ihnen habt...

Nehmt nun wieder die übliche Position ein, so daß wir uns kurz austauschen können...

59

Fragen, Fragen

(nach Maue)

Ziele

Dieses außerordentlich reizvolle Experiment entfaltet das Bewußtsein der Teilnehmer durch eine Kette von Fragen. Dabei kann deutlich werden, was den einzelnen Teilnehmer interessiert, womit er sich beschäftigt und worauf das kollektive Interesse der Gruppe abzielt. Die Gruppe sollte sich gut kennen.

Das Experiment eignet sich gut für die Anfangsphase einer themenzentrierten Arbeitseinheit.

Teilnehmer: ab 16 Jahren.

Zeit: zwischen 10 und 15 Minuten.

Material: Flipchart, auf dem Sie die Fragen notieren können.

Anleitung

Ich möchte euch zu einem ungewöhnlichen Experiment einladen, das uns bewußt machen kann, was uns beschäftigt, was wir wissen und verstehen wollen, worauf wir neugierig sind und was wir suchen.

Das Ganze ist ähnlich wie ein Brainstorming in Frageform. Im einzelnen haben wir folgende Spielregeln: Wer immer möchte, formuliert laut eine Frage. Niemand kommentiert diese Frage, noch gibt jemand eine Antwort, sondern der Sinn ist vielmehr, eigene weitere Fragen anzuschließen. Vielleicht regt eine bestimmte Frage eine Kette weiterer Fragen in dieselbe Richtung an, vielleicht taucht plötzlich eine neue Frage auf, die in eine andere Richtung führt und die dann ebenfalls eine Kette anderer Fragen in Gang setzt.

Jeder kann jederzeit eine Frage aussprechen. Laßt genügend Zeit zwischen den Fragen, damit aus der Konzentration nach innen genug Fragen auftauchen können, die uns wirklich wichtig sind.

Hütet euch vor intellektueller Eile und vor Klischees.

Laßt eure Fragen und euer Schweigen den Raum zwischen uns ausfüllen, ohne daß ihr nach Antworten sucht oder nach Zusammen hängen. Laßt die Fragen aus euch mühelos aufsteigen. Ich werde eure Fragen notieren, so daß wir später auf sie zurückkehren können, wenn wir das wollen.

(Sie müssen 10 bis 15 Minuten – oder länger – rechnen.)

60
Neugierpotential

(Vopel)

Ziele

Dies ist eine gute ökonomische Möglichkeit, schnell herauszufinden, wofür sich die Gruppenmitglieder im Augenblick am meisten interessieren, worauf sie wirklich neugierig sind.

Gruppenleiter und Teilnehmer können gemeinsam aus dem Neugierpotential der Gruppe wichtige Entscheidungen über die weitere Strukturierung der gemeinsamen Arbeit ableiten.

Teilnehmer: ab 10 Jahren.

Zeit: zwischen 5 und 15 Minuten.

Material: Papier und Bleistift.

Anleitung

Ich möchte selbst gern wissen, wo eure Interessen im Moment liegen, worauf ihr zur Zeit neugierig seid, was ihr wissen möchtet.

Nehmt Papier und Bleistift und schreibt den Satzanfang auf:

IM AUGENBLICK MÖCHTE ICH VOR ALLEM WISSEN...

Beendet den Satz dann so, wie es für euch paßt... (1 Min.)

Jetzt möchte ich, daß uns in einem Rundgang jeder seinen Satz vorliest, so daß wir alle sehen können, womit sich jeder gerade beschäftigt...

61

So oder so

(Vopel)

Ziele

Die Teilnehmer bekommen Gelegenheit, sich über wichtige Dimensionen ihrer Stimmung klar zu werden und sich mit einem anderen darüber auszutauschen. Für den Gruppenprozeß wichtige Faktoren werden so bewußt gemacht und können für die weitere Arbeit fruchtbar gemacht werden.
Über die hier benutzte Gegensätze hinaus sind die folgenden noch nützlich: zufrieden–unzufrieden, müde–wach, einbezogen–außenstehend.

Teilnehmer: ab 12 Jahren.

Zeit: ca. 10 Minuten.

Anleitung

Ich möchte, daß ihr euch zu Beginn der Arbeit kurz bewußt macht, wo ihr innerlich steht, und zwar sollt ihr das auf folgende Weise tun: Ich werde euch immer zwei Begriffe nennen, und ihr müßt dann schnell entscheiden, welcher von beiden mehr auf euch zutrifft.

Es geht los: Versammelt euch in der Mitte des Raumes... Alle diejenigen, die sich im Moment eher optimistisch fühlen, stellen sich nun auf die Fensterseite. Und alle diejenigen, die sich im Moment eher pessimistisch fühlen, stellen sich auf die Türseite...
Nun möchte ich, daß ihr auf jeder Seite des Raumes zu zweit zusammenkommt und euch darüber austauscht, was euch dahin geführt hat... (2 Min.)
Stoppt jetzt und kommt wieder in der Mitte des Raumes zusammen... Das nächste Begriffspaar ist liebevoll–ärgerlich. Wer sich überwiegend ärgerlich fühlt, stellt sich an die Fensterseite, wer sich überwiegend liebevoll fühlt, geht zur Türseite... Sucht euch wieder einen Partner auf eurer Seite und tauscht euch über eure Erfahrungen aus... (2 Min.)

62

Zufriedenheit

(nach Amaral)

Ziele

Das Experiment gibt den Teilnehmern eine deutliche Möglichkeit, ihre Zufriedenheit mit der Arbeitsweise der Gruppe zum Ausdruck zu bringen. Zu Beginn der Gruppensitzung wird auf diese Weise eine wichtige, auf den Gruppenprozeß bezogene Frage beantwortet, so daß rechtzeitig geeignete Konsequenzen von allen Beteiligten gezogen werden können. Besonders nützlich ist diese diagnostische Technik für Sie als Gruppenleiter. Sie können dieses Experiment mit großem Gewinn am Ende der Arbeitssitzung oder eine paar Sitzungen später wiederholen, so daß Sie und die Gruppenmitglieder die Veränderungen sehen können, die vor sich gehen.

Teilnehmer: ab 14 Jahren.

Zeit: 5 bis 10 Minuten.

Anleitung

Ich möchte gern herausfinden, wie zufrieden ihr im Augenblick mit unserer Arbeitsweise seid. Ich möchte, daß ihr euch zu diesem Zweck auf eine imaginäre Linie stellt, einer neben den anderen. Die Linie soll zwischen Tür und Fenster verlaufen. Wer sehr mit unserer Arbeitsweise zufrieden ist, stellt sich dicht an das Fenster. Wer sehr unzufrieden ist, stellt sich an die Tür. Dazwischen gibt es natürlich viele Möglichkeiten. Wählt einen Platz, der zum Ausdruck bringt, wie zufrieden ihr im Moment mit unserer Arbeitsweise seid...

(Warten Sie, bis jeder seinen Platz gefunden hat.)

Schaut euch nun um, und seht, wo ihr und wo die anderen stehen...
Jetzt möchte ich, daß jeder kurz berichtet, was ihn an seinen Platz geführt hat, und wenn er möchte, kann er auch sagen, was er über den Standort anderer Teilnehmer denkt...

☆☆☆

127

63

Wohlbefinden

(Vopel)

Ziele

Dies ist ein ebenso nützliches wie oft überraschendes Experiment, das schnell deutlich macht, welchen Teilnehmern es im Augenblick gut geht bzw. wer sich eher unbehaglich oder unglücklich fühlt. So können alle Beteiligten rechtzeitig Konsequenzen ziehen.

Teilnehmer: ab 12 Jahren.

Zeit: ca. 5 Minuten.

Anleitung

Ich möchte gern herausfinden, wie gut sich ein jeder von euch im Augenblick fühlt. Dazu schlage ich folgende Prozedur vor:

Legt euch zunächst die Fragen vor:
Was sagt mein Stimmungsbarometer im Augenblick? - Wie glücklich oder unglücklich bin ich zur Zeit?... (10 Sek.)
Jetzt schließt die Augen und stellt euch eine Skala mit einer Zehnereinteilung vor. 1 würde bedeuten: „Ich fühle mich sehr unwohl, sehr unglücklich" und 10 würde bedeuten: „Ich fühle mich sehr wohl und bin sehr glücklich."
Dazwischen liegen die Abstufungen dieser beiden extremen Einschätzungen. Findet heraus, durch welchen Punkt der Zehnerskala euer Wohlbefinden im Moment am besten zum Ausdruck gebracht wird... (10 Sek.)
Haltet die Augen weiter geschlossen und hebt dann mit geschlossenen Augen so viele Finger hoch, daß sie dem Punkt auf der Skala des Wohlbefindens entsprechen, der euch entspricht. Wenn alle ihre Finger erhoben haben, werde ich euch auffordern, die Augen zu öffnen und euch umzuschauen...

(Warten Sie ab, bis jeder seine Finger erhoben hat.)

Öffnet jetzt die Augen und schaut euch um...

Ich möchte, daß in einem Rundgang jeder kurz mitteilt, welchen Wert er gewählt hat auf der Skala des Wohlbefindens, und was ihn dazu veranlaßt hat ...

Bücher und Kassetten
bei **iskopress**

GRUPPENLEITER

Vopel: *Interaktionsspiele*, Teil 1 bis 6.
Akzeptierung und Angstabbau in der Anfangsphase / Wahrnehmen und Kommunizieren / Aktivierung bei Müdigkeit und Unlust / Entwicklung von Vertrauen und Offenheit / Beziehungsklärung und Feedback / Umgang mit Einfluß, Macht und Konkurrenz / Konsensus und Kooperation

Vopel: *Handbuch für Gruppenleiter.*
Zur Theorie und Praxis der Interaktionsspiele

Vopel: *Die 10-Minuten-Pause*

Vopel: *Höher als die Berge, tiefer als das Meer*

Klippstein: *Die goldene Pause. Streßprävention für Lehrende*
(Audiokassette mit Begleitbuch)

Vopel: *Metaphorische Aktionen. Ungewöhnliche Wege zur Gruppenkohäsion*

Vopel: *Anfangsphase*, Teil 1 und 2.
(1) Namen / Kontakte / Werte (2) Selbstbild / Biographisches / Ziele

Vopel: *Anwärmspiele. Experimente für Lern- und Arbeitsgruppen*

Vopel: *Störungen, Blockaden, Krisen.*
Experimente für Lern- und Arbeitsgruppen

Vopel: *Materialien für Gruppenleiter*, Teil 1 bis 8.
(1) *Diagnose der Gruppensituation* (2) *Gestaltung der Schlußphase*
(3) *Kommunikationsregeln in Gruppen*
(4) *Umgang mit Konflikten* (5) *Teamentwicklung*
(6) *Briefe als Lernstrategie* (7) *Ziele* (8) *Lernen*

GRUPPENTHERAPIE

Vopel/Vopel: *Selbstakzeptierung und Selbstverantwortung,*
Teil 1 bis 3. (1) Konzentration / Entspannung / Wahrnehmung / Gesundheit / Ernährung / Kleidung / Sexualität / Zeiteinteilung / Lebensgeschichte / Konflikte / Identität (2) Stärke und Schwäche / Liebe und Ärger / Selbstachtung / Lebendigkeit / Neugier / Risikobereitschaft / Wünsche und Phantasien / Zukunft / soziale Entwicklung (3) Werte und Ziele / soziale Verantwortung / Selbständigkeit und Freiheit / Umgang mit Forderungen / Zurückweisung / Manipulation / Zuwendung / Anerkennung

Woisin: *Integrität und Erinnerung.*
Kreative Arbeit mit älteren Menschen, Teil 1 und 2
(1) Entspannung / Massage / Erinnern und Verstehen / Schatten-
seiten des Alters und Verluste / Integrität und die Suche nach
Sinn / Gesundheit und Heilung (2) Atmen / Bewegung / Vergnü-
gen und Stimulation / Himmel auf Erden: Liebe / Freunde und
Altersgenossen / Unsere Verbindung mit der Natur / Zeit und
Zukunft / Tod und die Hieroglyphen des Sterbens

Shorr: *Psychoimagination*

English: *Transaktionsanalyse. Gefühle und Ersatzgefühle in
Beziehungen*

Leveton: *Mut zum Psychodrama*

KINDER UND JUGENDLICHE

Vopel: *Kinder ohne Stress. Imaginative Spiele für Kinder zwischen 3 und 12,
Teil 1 bis 5 (1) Bewegung im Schneckentempo (2) Im Wunderland der
Phantasie (3) Reise mit dem Atem (4) Zauberhände
(5) Ausflüge im Lotussitz*

Vopel: *Interaktionsspiele für Kinder*, Teil 1 bis 4 (1) Kontakt, Wahrnehmung,
Identität (2) Gefühle, Familie und Freunde (3) Kommunikation, Körper,
Vertrauen (4) Schule, Feedback, Einfluß, Kooperation

Wilhelm: *Sanfte Pädagogik. Heilsame Wege in Schule und Beratung*

Vopel: *Denken wie ein Berg, fühlen wie ein Fluß.*
*Spiele und Experimente für eine respektvolle Einstellung zur Natur
für 6- bis 12-jährige*

Ehrlich/Vopel: *Wege des Staunens. Übungen für die rechte Hemisphäre,*
Teil 1 bis 4 (1) Kreatives Schreiben (2) Malen und Formen
(3) Phantasiereisen (4) Probleme lösen

Alex/Vopel: *Lehre mich nicht, laß mich lernen.* Interaktionsspiele
für Kinder und Jugendliche Teil 1 bis 4.
(1) Älter werden, Ängste und Befürchtungen, Anerkennung und Nähe,
Autoritäten und Vorschriften, Fehler und Erfolge, Freude und Trauer,
Freunde gewinnen (2) Gefühle, Geld, Gesundheit und Drogen, irrationale
Annahmen, Jungen und Mädchen, Krisen, Lernen (3) Liebe und
Sinnlichkeit, Mut, Natur, Selbstkonzept, Streß, Träume (4) Umwelt,
Verhaltensprobleme, Wünsche und Werte, Wut und Ärger, Zeiteinteilung

Vopel: *Schreibwerkstatt. Eine Anleitung zum kreativen Schreiben für Lehrer, Schüler und Autoren*, Teil 1 und 2

Klippstein (Hg): *Zwischenspiele. Vorlesetexte für kreative Pausen* (ab 12)

Vopel: *Dialog mit der Zukunft. Imaginative Experimente für Jugendliche*

Nowak: *13 Wege, einen Baum zu betrachten. Lebendiges Lernen im Biologieunterricht*

Vopel: *Interaktionsspiele für Jugendliche*, Teil 1 bis 4
(1) Werte / Ziele und Interessen / Schule und Lernen / Arbeit und Freizeit
(2) Körper / Identität / Fähigkeiten und Stärken (3) Ablösung
aus der Kindheitsfamilie / Liebe und Freundschaft / Sexualität
(4) Lebensplanung / Probleme lösen / Kooperation

Vopel/Wilde: *Glaube und Selbsterfahrung im Vaterunser. Ein Kurs für lebendiges Lernen im kirchlichen Unterricht*

Vopel: *Nicht vom Brot allein. Affektive Strategien zur Werteklärung für Kinder und Jugendliche*

PSYCHOLOGISCHE WEGWEISER

Brett: *Therapeutische Geschichten für Kinder*

Halpern: *Festhalten oder Loslassen. Wie Eltern zu ihren erwachsenen Kindern eine bessere Beziehung herstellen können*

Halpern: *Abschied von den Eltern. Eine Anleitung für Erwachsene, die Beziehung zu den Eltern zu normalisieren*

Halpern: *Liebe und Abhängigkeit. Wie wir übergroße Abhängigkeit in einer Beziehung beenden können*

Vopel/Vopel: *Ich und Du. Ein Kommunikationstraining für Partner*

Damm: *Zu neuen Ufern. Trennung und Scheidung bewältigen* (Audiokassette mit Begleitbuch)

Klippstein: *Ich habe mich. Alleinsein können* (Audiokassette mit Begleitbuch)

Klippstein: *Traumarbeit in Trance. Die Kunst, Angstträume zu verwandeln* (Audiokassette mit Begleitbuch)

May: *Der sanfte Weg. Ein Meditationshandbuch*

Kelemann: *Lebe dein Sterben*

Koch: *Schatten auf der Sonnenuhr. Eine Vorbereitung auf das
Sterben (*Audiokassette mit Begleitbuch)

Klippstein: *Mein Körper ist klüger 1 + 2: 1. Jacobson-Training;
2. Vegetative Entspannung* (Je 5 Audiokassetten mit Begleitbuch)

Weitere Audiokassetten jeweils mit Begleitbuch:

Künkel: *Ich bin in meinem Mond. Menstruationsschmerzen lösen*

Damm: *Von Kopf bis Fuß... Körpervertrauen für Frauen*

von der Werth: *Atemlust. Richtig atmen löst Probleme*

Steppacher-Ray: *Lieber leichter, fit und frisch! Psychologische Appetitzügler*

Ruck: *Mein Körper - mein Haus. Operationsschmerzen lindern*

Klippstein: *Stop! Spannungs-Kopfschmerzen lösen*

Strässer-Strobel: *Zaubermantel. Neurodermitis lindern*

NEUE THERAPIE

Rosen (Hg.): *Die Lehrgeschichten von Milton H. Erickson .*

Erickson: *Der richtige Therapeut. Eine Auswahl aus den Lehrgeschichten von
Milton H. Erickson* (Audiokassette)

Hoffmann: *Grundlagen der Familientherapie.
Konzepte für die Entwicklung von Systemen*

Haley: *Ordeal Therapie. Ungewöhnliche Wege der Verhaltensänderung*

Madanes: *Hinter dem Einwegspiegel.
Fortschritte in der strategischen Therapie*

O'Hanlon: *Eckpfeiler. Grundlegende Prinzipien der Psychotherapie und
Hypnose Milton H. Ericksons*

Gordon/Meyers-Anderson: *Phoenix.
Therapeutische Strategien von Milton H. Erickson*

Keeney: *Ästhetik des Wandels*

iskopress, Klaus W. Vopel
Postfach 1263; 2125 Salzhausen
Tel.: 04172/7653; Fax: 04172/6